AF336674

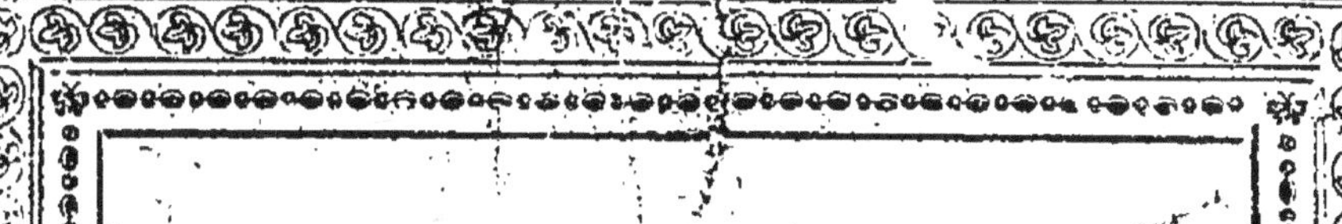

CODE
DE L'ÉLECTEUR,

OU

EXPOSÉ COMPLET DE LA LÉGISLATION ÉLECTORALE,

Par M. L. BEZODIS,

AVOCAT A LA COUR ROYALE DE PARIS.

Paris.

CHEZ DELAUNAY, LIBRAIRE,

PALAIS-ROYAL,

ET CHEZ L'AUTEUR,

RUE TRAVERSIÈRE-ST.-HONORÉ, N. 29.

1831

CODE

DE

L'ÉLECTEUR.

IMPRIMERIE DE E. DUVERGER,
RUE DE VERNEUIL, N. 4.

CODE

DE

L'ÉLECTEUR,

OU LA

NOUVELLE LOI ÉLECTORALE;

Expliquée par la discussion des Chambres, par les Décisions administratives et par la Jurisprudence des Cours royales et de la Cour de cassation, avec la solution *sous chaque article* des nombreuses questions que présente le texte.

Par M. L. BEZODIS,

AVOCAT A LA COUR ROYALE DE PARIS.

Paris.

CHEZ DELAUNAY, LIBRAIRE,

PALAIS-ROYAL,

ET CHEZ L'AUTEUR,

RUE TRAVERSIÈRE-SAINT-HONORÉ, n° 29.

1831

Il ne suffit pas que la loi électorale consacre tous les droits, concilie tous les intérêts et rende la fraude impossible, en ouvrant à la vérité toutes les voies régulières,
il faut encore que l'ensemble de la législation, mis à la portée de chacun, fasse
comprendre et reconnaître facilement
toute l'étendue de ces droits et l'efficacité
de ces précautions. Or, ceci n'a pu être
l'œuvre du législateur : réunir et coor-
donner les principes généraux qui règlent
le droit d'élection, en former un code
unique, et lever en passant quelques-unes
des difficultés, que l'expérience et l'opinion publique avaient signalées ; tel était
l'objet spécial de sa mission, et il ne lui
appartenait pas de rapprocher de ces
principes généraux les innombrables ap-
plications qui en ont été consacrées, soit
par les décisions administratives, soit par
la jurisprudence des Cours royales.

Ce que la nature des choses interdissait au législateur, nous l'avons tenté, en réunissant dans cet ouvrage tout ce qui a rapport à l'exercice du droit électoral. Ainsi les doctrines de l'administration, toutes les fois qu'elles se sont trouvées en harmonie avec l'esprit de la nouvelle loi, les arrêts des Cours royales et de la Cour de cassation, surtout ceux de juin et juillet 1830, qui, rendus dans un moment de lutte, sont plus favorables au droit d'élection, ont été cités, développés et coordonnés, autant que possible, sous chacun des articles de la loi, auxquels ils se rattachent; de manière à offrir aux électeurs un exposé simple et complet de la législation électorale. — Une table des matières, placée à la fin du volume, fait connaître d'un seul coup d'œil les différentes questions qui ont été traitées.

Puisse cet ouvrage, dans un moment où le corps électoral tient dans ses mains les destinées de la France, contribuer en quelque chose au bien du pays, et rendre plus facile l'exécution d'une loi qui n'a de sanction que dans la conscience du citoyen!

LOI

ÉLECTORALE.

TITRE PREMIER.

DES CAPACITÉS ÉLECTORALES.

Art 1ᵉʳ Tout Français jouissant des droits civils et politiques, âgé de vingt-cinq ans accomplis, et payant 200 francs de contributions directes, est électeur s'il remplit d'ailleurs les autres conditions fixées par la présente loi.

Le système d'élection établi par la Charte, art. 33 et 34, est fondé sur le principe que les citoyens qui concourent au choix des députés doivent offrir à la société des garanties d'indépendance, d'instruction et de dévouement à la chose publique. Le législateur a cherché ces garanties en fixant un âge au-dessous duquel le citoyen n'est pas présumé avoir l'expérience désirable, et en exigeant que l'électeur justifie d'une certaine quotité de contributions. L'article que nous analysons consacre et complète ces principes généraux, en n'accordant le droit électoral qu'au Français qui jouit des droits civils et politiques.

Ainsi la capacité électorale résulte de conditions absolues qui sont au nombre de quatre : 1° la qualité de Français ; 2° la jouissance des droits civils et politiques ; 3° l'âge ; 4° le cens. Il en est une cinquième non moins importante, le domicile politique, qui trouvera son développement aux articles 10, 11 et 12.

Examinons successivement ces conditions, en nous bornant à exposer les principes généraux pour tout ce qui rentre dans le droit commun, ou qui ne présente rien de spécial au droit d'élection.

PREMIÈRE SECTION.

De la qualité de Français.

La qualité de Français s'acquiert par la naissance, ou par la naturalisation.

La naissance ne donne la qualité de Français qu'à celui qui naît d'un Français, soit en France, soit en pays étranger. (*C. Civ.* art. 10.)

Toutefois, par un bénéfice de la loi attaché à la naissance, tout individu né en France d'un étranger peut réclamer la qualité de Français dans l'année qui suivra l'époque de sa majorité ; pourvu que dans le cas où il résiderait en France, il déclare que son intention est d'y fixer son domicile, et que, dans le cas où il résiderait en pays étranger, il fasse sa soumission de fixer en France son domicile, et qu'il l'y fixe dans l'année, à compter de l'acte de soumission. (*Ibid.*, art. 9.)

Il en est de même d'un enfant né en pays étranger, d'un Français qui aurait perdu la qualité de Français ; il pourra toujours recouvrer cette qualité, en remplissant les formalités que nous venons d'indiquer. (*Ibid.* art. 10.)

On a demandé si un individu né en France de parens étrangers, qui n'a pas, jusqu'à ce jour, réclamé la qualité de Français, peut par le fait seul d'être né en France, être admis à voter, pourvu qu'il remplisse les autres conditions exigées ?

Il doit, en outre des conditions requises, faire la déclaration prescrite par l'art. 9 du

Code civil, que nous venons de citer; et il peut être admis à la faire, quand même il aurait laissé passer l'année qui a suivi l'époque de sa majorité. L'année indiquée n'est pas limitative, seulement le Code interdit de faire la déclaration avant la majorité. (*Solution* du 18 avril 1817.)

La naturalisation donne à la fois le titre de Français et celui de citoyen; nous en parlerons en traitant des droits politiques.

II° SECTION.

De la jouissance des droits civils et politiques.

Les droits civils et les droits politiques diffèrent esentiellement entre eux, et par leur objet, et par les personnes auxquelles ils s'appliquent.

Les premiers, qui sont les droits propres à chaque nation, règlent les intérêts privés et les rapports des individus entre eux; tels sont la puissance paternelle, la tutelle, les mariages, les successions, les contrats, etc. La jouissance en appartient à tout Français (*C. civ.* art. 8), et même à tout étranger qui a été admis par l'autorisation du roi à

établir son domicile en France. (*C. civ.*
art. 13.)

Les seconds, qui ne sont pas moins propres à une nation que ses droits civils, s'appliquant à des intérêts plus relevés, déter-
minent la manière dont les citoyens concourent plus ou moins immédiatement à l'exercice de la puissance publique. La jouissance
n'en est attribuée qu'aux Français qui remplissent les conditions exigées par la loi.

Puisque la jouissance de ces droits est une
condition légale de l'exercice du droit électoral, il importe de rappeler comment on
peut en être privé, et comment on peut la
recouvrer.

§ Ier. *De la privation des droits civils.*

On est privé de la jouissance des droits
civils par la perte de la qualité de Français,
et par l'effet de condamnations judiciaires.
On perd la qualité de Français : 1° par la
naturalisation acquise en pays étranger; 2°
par l'acceptation, non autorisée par le roi,
de fonctions publiques conférées par un gouvernement étranger; 3° par tout établissement non commercial fait en pays étranger,

sans esprit de retour (*C. civ.* art. 17) ; 4°
par l'acceptation, non autorisée par le roi,
de service militaire chez l'étranger, ou l'af-
filiation à une corporation militaire étrangère (*Ibid.* 21). La femme perd la qualité de
Française en épousant un étranger (*Ibib.* 19).

 - Lorsque la privation des droits civils résulte d'un jugement, elle peut être totale
ou partielle.

La privation totale résulte de la mort civile qui est attachée à la condamnation à la
mort naturelle (*C. civ.* 22, 23, 24, 25), et
à la condamnation aux travaux forcés à per-
petuité et à la déportation. (*C. pén.* art. 18.)
La mort civile est également encourue par
les Français qui occuperaient des emplois, ou
exerceraient des fonctions politiques, administratives ou judiciaires, dans l'étranger, à
l'époque des hostilités survenues entre la
France et la puissance chez laquelle ils exerceraient ces emplois. Il en serait de même
quand il n'y aurait pas eu d'hostilités, s'ils
n'obéissaient pas au décret de rappel. (*Décret* du 6 avril 1809, art. 22, 26, 28 et 29.)

Si la condamnation est par contumace,
elle n'emporte la mort civile qu'après les

cinq années qui suivent l'exécution du jugement par effigie. (*C. civ.* art. 27.) Durant
ces cinq ans, les condamnés sont privés de
l'exercice des droits civils. (*Ibid.* 28.)

La privation, avons-nous dit, peut être
partielle; ainsi, d'après l'art. 42 du Code
pénal, « les tribunaux jugeant correction-
« nellement peuvent, dans certains cas,
« interdire en tout ou en partie l'exercice
« des droits civiques, civils et de famille
« suivans :

« 1° De vote et d'élection;

« 2° D'éligibilité;

« 3° D'être appelé ou nommé aux fonc-
« tions de juré ou autres fonctions publiques,
« ou aux emplois de l'administration, ou
« d'exercer les fonctions ou emplois;

« 4° De port d'armes;

« 5° De vote et de suffrage dans les délibé-
« rations de famille;

« 6° D'être tuteur, curateur, si ce n'est de
« ses enfans, et sur l'avis seulement de la fa-
« mille;

« 7° D'être expert ou employé comme té-
« moin dans les actes;

« 8° De témoignage en justice, autrement

« que pour y faire de simples déclarations.»

Mais les tribunaux ne peuvent prononcer ces interdictions que lorsqu'elles ont été autorisées ou ordonnées par une disposition particulière de la loi. (*Ibid.* art. 43.)

§ II. *Des manières de recouvrer les droits civils.*

On rentre dans la jouissance des droits civils lorsqu'on recouvre la qualité de Français, ou que la mort civile cesse, ou que la réhabilitation est prononcée.

Le Français qui a perdu sa qualité de Français peut toujours la recouvrer en rentrant en France, avec l'autorisation du Roi, et en déclarant qu'il veut s'y fixer, et qu'il renonce à toute distinction contraire à la loi française. (*C. civ.* art. 18.) Mais celui qui a pris du service à l'étranger ou qui s'est affilié à une corporation militaire étrangère, ne peut rentrer en France qu'avec la permission du roi, et recouvrer la qualité de Français qu'en remplissant les conditions imposées à l'étranger pour devenir citoyen. (*ibid.* art. 21.) — Quant à la femme qui a épousé un étranger, si elle devient veuve, elle recouvre la qualité de Française, pourvu qu'elle réside en France, ou qu'elle y rentre avec l'autorisation du roi, et en déclarant qu'elle veut s'y fixer. (*ibid.* art. 19.)

La mort civile peut finir par un effet ou de la loi ou de la volonté du prince.

La loi met fin à la mort civile dans deux cas : 1° quand une loi nouvelle rend la vie civile à des individus qui en étaient privés par une loi antérieure, tel est le sénatus-consulte du 6 floréal an X, sur les émigrés ; 2° quand le contumax se présente volontairement en justice dans les cinq ans, à compter du jour de l'exécution du jugement. (*C. civ.* art. 29.)

Le condamné peut être rendu à la vie civile par la volonté gracieuse du prince : la grace est un acte du souverain qui arrête ou modifie l'exécution d'un jugement criminel.

Lorsque la privation des droits civils et politiques résulte de condamnations à une peine afflictive ou infamante, le condamné peut se faire réhabiliter, quand il a subi sa peine. (*C. d'Instr. crim.* art. 619.) — Ce qui distingue la réhabilitation de la grace, c'est que celle-ci émane directement du souverain, tandis que celle-là est soumise à de rigoureuses formalités (*ibid.* art. 619 à 630); qu'elle ne s'applique point à toute espèce de condamnations criminelles (*ibid.* art. 619), et qu'enfin elle ne remet que les incapacités et non la peine (*ibid.* art. 619 et 633).

§ III. *Des droits politiques.*

La jouissance des droits politiques appartient au citoyen français.

Celui-là est *citoyen*, qui réunit toutes les garanties dont la loi environne la jouissance des droits politiques; cette qualité ne s'acquiert et ne se conserve que conformément à la loi constitutionnelle. (*C. civ.* art. 7.) La constitution dont il s'agit ici est celle du 22 frimaire an VIII. L'art. 2 porte : « Tout « homme né et résidant en France, qui, âgé « de 21 ans accomplis, s'est fait inscrire sur « le registre civique de son arrondissement « communal, et qui a demeuré depuis pendant un an sur le territoire de la république, est citoyen français. » Il est à regretter qu'aucune disposition législative récente n'ait déterminé d'une manière précise ce que l'on doit entendre par *citoyen*; car la

Charte est muette sur ce point, et l'article que nous venons de citer est tombé en désuétude relativement à l'inscription civique et au séjour d'un an sur le territoire français. Comme nous n'avons à considérer le citoyen que dans ce qui a rapport au droit électoral, nous reconnaîtrons que tout Français qui a capacité pour exercer ce droit est nécessairement citoyen, puisqu'il exerce le plus grand et le plus noble des droits politiques.

§ IV. *Comment un étranger devient citoyen français.*

C'est surtout à l'égard de l'étranger que l'acquisition du titre de citoyen est subordonnée à des conditions positives qui garantissent son dévouement aux institutions de la patrie qu'il veut adopter. Aussi les droits politiques ne sont-ils pas, comme les droits civils, accordés à l'étranger avec le simple agrément du roi (*C. civ.* art. 13) : ils ne s'acquièrent et ne se conservent que conformément à la loi constitutionnelle. (*C. civ.* art. 7.) Par conséquent, un étranger que le gouvernement aurait admis à établir son domicile en France et qu'il aurait même promu à des fonctions publiques, ne pourrait s'appuyer sur cette délégation irrégulière, pour réclamer quelqu'un des avantages que la loi attache exclusivement à la qualité de citoyen. (Arrêt de la Cour royale de Rouen, 18 août 1824.)

L'incapacité politique qui frappe l'étranger appartient à l'ordre public et n'est pas de celles qué peut couvrir la possession d'état. La Cour royale d'Orléans a sanctionné ce principe par un arrêt du 15 juin 1830, dont voici l'espèce et les motifs :

Le sieur Rau, né en Bavière, était venu en France en 1784, à l'âge de quinze ans. Il s'était fixé en 1793 à Orléans; en 1813 il avait épousé une Française et acquis des propriétés. Depuis 1793, il avait fait partie de la garde nationale. Plusieurs fois il avait siégé comme juré. Depuis qu'il était propriétaire, il avait été porté sur les listes électorales, et avait concouru à toutes les élections, à dater de 1817 : en 1824 il avait été choisi pour scrutateur de sa section.

C'est dans cette position qu'on refusa de l'inscrire sur la liste électorale, en lui opposant le défaut de lettres de naturalisation.

Sur le pourvoi, la Cour d'Orléans rendit l'arrêt suivant :

« Considérant que la législation relative à la naturalisation des étrangers ayant souvent varié depuis quarante ans, il est nécessaire pour qu'un étranger ait acquis le droit de citoyen français dans cet intervalle, qu'il ait rempli, sous l'empire de l'une de ces lois, toutes les conditions qu'elle exigeait impérieusement pour conférer cette qualité ;

« Que si Rau habite la France depuis 1784, il ne justifie pas qu'il ait, pendant que la loi du 3o avril 1790 et la constitution de 1791 ont été en vigueur, acquis des immeubles, formé un établissement, ni qu'il ait prêté le serment civique, dans l'intention d'acquérir les droits qu'il réclame aujourd'hui ;

« Que le réclamant, non-seulement ne fait pas la preuve, mais n'allègue pas même que, sous l'empire de la constitution de 1793, il ait exprimé le vœu de profiter des facilités qu'elle offrait aux étrangers pour obtenir le droit de citoyen français ;

« Considérant, en effet, que cette constitution ne pourrait être entendue que dans ce seul sens raisonnable qu'un étranger ne peut devenir Français sans le savoir, sans le vouloir, sans le demander, et par le seul fait d'un domicile d'une année en France ;

« Considérant, d'ailleurs, que cette constitution n'exige pas seulement la résidence, mais le domicile, et que si Rau résidait alors en France, il ne produit aucun acte qui constate qu'il y ait fixé son domicile ;

« Qu'il n'a pas non plus rempli la condition prescrite par la loi de l'an III, puisqu'il ne s'est pas fait inscrire sur le registre civique de son canton, et qu'il ne justifie ni d'une déclaration de l'intention de se fixer en France, ni de la preuve qu'il payait une contribution directe ;

« Que sous l'empire de la constitution de l'an VIII, il ne peut justifier non plus des mêmes inscriptions sur le registre civique, en déclaration d'intention de résider en France, conditions prescrites par cette constitution ;

« Qu'il est constant et avoué qu'il n'a rempli aucune des nouvelles conditions prescrites par les lois postérieures qui régissent la matière, et notamment par le sénatus-consulte du 26 vendémiaire an XI, l'avis du conseil d'État du 18 prairial de la même année, le sénatus-consulte du 19 février 1808 et le décret du 17 mars 1809, ainsi qu'il en convient dans la lettre à M. le préfet;

« Que son mariage en 1813, et l'acquisition d'une maison en la même année, ainsi que les sermens prêtés aux assemblées électorales, ne sauraient suppléer des conditions voulues par des lois abrogées et non accomplies pendant qu'elles étaient en vigueur;

« Que Rau, né étranger, n'ayant pas acquis les droits politiques en France, ne peut voter dans les assemblées électorales, etc. »

Même décision de la Cour royale de Paris dans deux arrêts de juin 1830.

Puisque l'incapacité attachée au titre d'étranger est un principe d'ordre public, il en résulte évidemment que l'administration, pour refuser d'inscrire un citoyen sur la liste, ne pourrait se prévaloir des actes dans lesquels il se serait reconnu étranger. Ainsi jugé par les Cours royales de Rennes et d'Amiens, les 12 et 14 février 1824, sur le motif que des conventions particulières ne peuvent rien changer à l'état des personnes qui n'est pas une propriété privée.

Un étranger devient citoyen français lorsqu'après avoir atteint l'âge de vingt-et-un ans accomplis, et avoir déclaré l'intention de se fixer en France, il y a résidé pendant *dix années consécutives*. (Constitution de l'an VIII, art. 3.) Cependant si, après avoir obtenu la permission de s'établir en France, un étranger y a fondé de grands établissemens, ou a rendu des services importans par ses talens ou par son industrie, il peut obtenir la qualité de citoyen français, après un an de domicile (Sénatus-consulte du 26 vendémiaire an XI. —Avis du conseil d'État du 18 prairial an XI.) Cette autorisation, d'abord accordée pour cinq ans, a été rendue perpétuelle par un sénatus-consulte du 17 février 1808. — Les formalités relatives à l'exécution de ces articles ont été réglées par le décret du 17 mars 1809, ainsi qu'il suit :

« ART. 1ᵉʳ. Lorsqu'un étranger, en se conformant aux dispositions de l'acte des constitutions du 22 frimaire an VIII, aura rempli les conditions exigées pour devenir citoyen français, sa naturalisation sera prononcée par nous.

« 2. La demande en naturalisation et les pièces à l'appui seront transmises par le maire du domicile du pétitionnaire, au préfet, qui les adressera avec son avis, au ministre de la justice.»

Telle fut jusqu'en 1814 la législation qui régit la naturalisation des étrangers; mais à cette époque, une ordonnance du 4 juin 1814 y apporta des modifications importantes : voici les dispositions de cette ordonnance : « Conformément aux anciennes cons-«titutions françaises, aucun étranger ne «pourra siéger, à compter de ce jour, ni «dans la Chambre de pairs, ni dans *celle* «*des députés*, à moins que par d'importans «services rendus à l'État, il n'ait obtenu de «nous des lettres de naturalisation vérifiées «dans les deux Chambres. »

Il résulte de la combinaison de ces divers actes : 1° qu'un étranger, même après avoir résidé dix années consécutives, ne peut être apte à voter dans les colléges électoraux, s'il ne lui a été délivré des lettres de simple naturalisation *accordées par le roi*; 2° que pour être éligible à la Chambre des députés, il faut que, indépendamment des conditions prescrites par la Charte et par la loi électorale, il ait obtenu des lettres de grande na-turalisation *accordées par le roi, et vérifiées par les deux Chambres.*

La vérification par les Chambres porte moins sur la régularité intrinsèque de ces lettres et l'identité des personnes, que sur le fonds même et le mérite de la concession royale. La question a été résolue dans ce sens toutes les fois qu'elle s'est présentée : le 1ᵉʳ décembre 1814 pour le maréchal Masséna et d'autres étrangers, le 13 décembre 1815 pour le comte Loverdo, le 13 décembre 1816 pour le duc de Dalberg et M. de Gref-fulhe, et le 25 avril 1828 pour MM. de Ho-henlohe et d'Aremberg.

Les habitans des pays autrefois réunis à la France, et qui, en vertu de cette réunion, se sont établis sur le territoire actuel de la France, et y avaient résidé sans interrup-tion depuis dix années et depuis l'âge de vingt-un ans en 1814, sont censés avoir fait la déclaration exigée par l'art. 3 de la loi du 22 frimaire en VIII, s'ils ont, dans les trois mois qui ont suivi la publication de la loi du 14 octobre 1814, déclaré qu'ils per-sistaient dans la volonté de se fixer en France et d'obtenir du roi des lettres de déclaration de *naturalité*. (Loi du 14 octobre 1814.) Toutefois ils ne peuvent faire partie de la Chambre des pairs ou de celle des députés, à moins qu'ils n'aient obtenu des lettres de naturalisation vérifiées par les deux Chambres. (*Ibïd.*, ordonn. du 4 juin 1814.) — Il importe de ne pas confondre les lettres de *naturalité* qui expriment un droit acquis, c'est-à-dire que l'individu qui les reçoit n'a pas cessé d'être Français, avec les lettres de *naturalisation* qui confèrent un droit nouveau, en donnant à un étranger la qualité de citoyen français.

Ceux qui n'avaient pas dix années de résidence réelle dans l'intérieur de la France, lors de la promulgation de la loi du 14 octobre 1814, ont pu acquérir les mêmes droits de citoyen français, le jour où les dix années de résidence ont été révolues, à charge de faire la déclaration dont nous avons parlé. Le roi s'est aussi réservé le droit d'accorder, avant les dix années révolues, des lettres de déclaration de naturalité, lorsqu'il le juge convenable. (Loi du 14 octobre 1814, article 2.)

La condition de régnicole, acquise par la réunion, se perdant au moment de la séparation, il est évident que la déclaration exigée par la loi ne peut ni se présumer, ni se suppléer, et que toutes les formalités exigées doivent être rigoureusement remplies. (Cour royale de Douai, 16 septembre 1829.)

L'interdiction prononcée par l'ordonnance du 14 juin 1814 frappe-t-elle indistinctement tous les étrangers d'origine, quoique devenus citoyens français avant cette ordonnance, ou n'atteint-elle que les étrangers qui avaient cette qualité par le seul fait de la réunion de leur pays ou ceux qui l'acquerront à l'avenir?

L'ordonnance du 4 juin 1814 a été rendue au moment où la France se trouvant resserrée dans les limites de son ancien territoire, il devenait nécessaire de statuer sur la condition des membres des deux Chambres qui appartenaient aux départemens précédemment réunis par la conquête. Son but a été d'exclure des deux Chambres ceux de ces membres auxquels le roi n'aurait pas, en récompense d'éminens services rendus à l'État, donné des lettres de grande naturalisation, et d'interdire pour l'avenir l'entrée de nos Chambres aux étrangers naturalisés à qui cette faveur n'aurait pas été accordée. Mais cette exclusion ou cette interdiction ne regardait que les étrangers qui n'avaient jamais joui des droits politiques des Français, ou qui n'en avaient joui que par l'effet de la réunion momentanée de leur pays au territoire français. L'étranger que l'ordonnance du 4 juin a trouvé investi de tous les droits civils et politiques inhérens à la qualité de naturel et de citoyen français, ne se trouvait pas étranger, et les dispositions relatives aux étrangers ne lui étaient nullement applicables. On ne saurait tirer aucune conséquence contraire du préambule de l'ordonnance où on lit ces mots: « Il importe de ne voir siéger dans les Cham- « bres que des hommes dont la *naissance* garan- « tisse l'affection au souverain et aux lois de « l'État, et qui aient été *élevés* dès le berceau « dans l'amour de la patrie. » Ce n'est là qu'une proclamation de principes généraux d'ordre public, applicables pour l'avenir, et et auxquels le Roi se réserve de faire des ex- ceptions toutes les fois que d'importans services pourront les rendre utiles au bien du pays.

Il faut donc aussi distinguer favorablement entre les Français originaires de pays réunis, ceux qui avaient obtenu cette qualité avant la réunion, et n'exiger à leur égard ni des lettres de naturalisation pour leur éligibilité, ni la déclaration prescrite par l'art. 1er de la loi du 14 octobre 1814, pour leur capacité électorale. Cette distinction est consacrée par plusieurs arrêts (Lyon et Montpellier, 10 et 12 novembre 1827; Metz, 1829).

Les descendans de religionnaires expatriés, nés en pays étranger, et réintégrés par la loi du 15 décembre 1790, sont-ils, quant aux droits politiques, placés dans la même catégorie que les Français d'origine, ou ne doivent-ils être admis aux deux Chambres qu'à la faveur de grandes lettres de naturalisation ?

En 1790, l'Assemblée nationale s'occupa du sort des religionnaires; le 15 juillet, elle ordonna, en faveur des régnicoles, la restitution de leurs biens. Le 15 décembre, elle étendit cette disposition aux descendans des religionnaires expatriés; elle voulut leur rendre aussi le titre et les droits de Français. Voici dans quels termes fut conçu son article 22 : « Toutes personnes qui, nées en pays « étranger, descendant, à quelque degré que « ce soit, d'un Français ou d'une Française « expatriés pour cause de religion, sont dé- « clarés naturels français et jouiront des « droits attachés à cette qualité si elles re- « viennent en France, y fixent leur domicile « et prêtent le serment civique. »

La loi ne dit pas que les descendans des religionnaires *recouvreront* la qualité de Français, comme le Code civil l'a dit depuis pour les Français qui auraient perdu en effet cette qualité et qui viendraient à la recouvrer en rentrant en France avec l'autorisation du gouvernement ; elle ne dit pas même qu'ils seront naturels Français ; elle désigne une situation actuelle, elle dit qu'ils *sont* déclarés naturels Français.

Or, en déclarant les descendans des religionnaires naturels français, la loi les assimile nécessairement à tous les autres Français ; elle reconnaît en eux cette qualité, comme s'ils ne l'avaient pas perdue un instant ; elle efface les cent années de la législation ancienne ; elle suppose que les religionnaires n'ont jamais quitté leur patrie, et elle veut en conséquence que *tous les droits* qui appartiennent aux Français qui n'ont jamais perdu leur qualité de naturels Français, leur appartiennent aussi à eux-mêmes.

Ainsi l'interdiction prononcée par l'ordonnance du 4 juin contre les étrangers n'est pas applicable aux descendans de religionnaires expatriés.

Cette question, ainsi que la précédente, a été savamment traitée en 1824, à l'occasion de l'éligibilité de Benjamin-Constant. La Chambre des députés l'a encore résolue dans l'intérêt des descendans des religionnaires, en validant l'élection de MM. Roman et Odier (9 février 1828.)

La loi du 2 mai 1790 subordonnait la qualité de citoyen à une prestation de serment civique qu'elle n'exigeait pas pour la qualité de Français. La constitution de 1793 dispensa de cette formalité, que les constitutions de 1795 et de l'an VIII imposèrent de nouveau. De là s'est présentée la question de savoir si ceux qui, sans avoir prêté le serment civique de 1793, ont satisfait aux autres conditions dont cette loi faisait dépendre les droits politiques, ont pu être dépouillés de ces droits par les constitutions de 1795 et de l'an VIII, qui ont exigé le serment de nouveau.

Ces deux dernières constitutions ne renfermant aucune disposition qui prononce cette privation d'un droit acquis légitimement, et la loi ne devant jamais s'interpréter dans un sens rétroactif, on peut dire que ceux qui ont rempli les conditions voulues par la constitution de 1793 ont conservé leur titre de citoyen sous les constitutions suivantes. Deux arrêts ont jugé la question dans ce sens. (Paris, 27 septembre, et Lyon, 10 novembre 1827.)

§ V. *De la perte des droits politiques.*

Toutes les manières dont se perd la qualité de Français emportent privation de celle de citoyen.

Toutefois la constitution de l'an VIII qui, à défaut de nouvelles dispositions législatives, régit encore la matière, déclare d'une manière explicite comment se perdent les droits politiques. Suivant l'art. 4, ils se perdent par la condamnation à des peines afflictives ou infamantes. Les peines ainsi qualifiées sont définies art. 7 et 8 du Code pénal. Elles ont cet effet, même quand elles ne sont que temporaires; la loi n'a pas établi de distinction, et les art. 28 et 34 du Code pénal privent ceux qui ont subi de pareilles condamnations de droits bien moins importans que ceux de citoyen.

Certaines peines correctionnelles privent aussi de la qualité d'électeur par cela seul qu'elles privent d'une partie des droits civils, et que pour exercer le droit électoral il faut jouir des droits civils et politiques.— Le renvoi sous la surveillance de la haute police, que les tribunaux peuvent aussi prononcer en matière correctionnelle, ne laisse pas ceux qui y sont soumis dans l'intégrité de leurs droits civils. Ils ne peuvent donc, tant qu'ils sont soumis à cette surveillance, exercer le droit électoral.

Au reste, les diverses manières dont se perdent les droits politiques sont déterminées par les articles suivans de nos Codes: art. 17, 21, 25, C. civ.; art. 9, 42, 43, 109, 123, 185, 187, 401, 405, 406 et 410, C. pén.

L'exercice des droits politiques peut n'être

que suspendu. L'art. 5 de la constitution de l'an **VIII** dispose : « L'exercice des droits « de citoyen français est suspendu par l'état « de débiteur failli ou d'héritier immédiat, « détenteur à titre gratuit de la succession « totale ou partielle d'un failli ; par l'état de « domestique à gages attaché au service de « la personne ou du ménage ; par l'état d'in- « terdiction judiciaire, d'accusation ou de « contumace. »

Un failli qui a fait un concordat avec ses créanciers et qui a été déclaré excusable par les tribunaux, est-il suspendu de l'exercice de ses droits politiques?

L'art. 5 de la constitution de l'an **VIII**, que nous venons de citer, n'établit aucune distinction entre les faillis. Il doit donc s'appliquer à ceux qui ont traité avec leurs créanciers, comme à ceux qui ont été déclarés par un jugement *banqueroutiers simples,* tant que les uns et les autres n'ont pas été réhabilités. Les banqueroutiers frauduleux sont atteints par la disposition sur l'effet des peines infamantes. (Solution du 29 août 1820).

L'enfant du failli qui détient à titre gratuit les biens de son père, est-il déchu des droits de citoyen tant que dure cette détention?

Ce même art. 5 dit explicitement: que l'exercice des droits politiques est suspendu pour l'*héritier immédiat, détenteur à titre gratuit de la succession totale ou partielle d'un failli*. La loi flétrit le fait de l'héritier et non celui du failli, en présumant que par fraude le père a dépouillé ses créanciers pour enrichir son enfant. Il est d'ailleurs de l'intérêt moral de la société, que l'exercice de si augustes fonctions ne puisse être la conséquence de la fraude même présumée.

§ VI. *Comment se prouve la qualité de Français.*

L'*acte de naissance* est la preuve naturelle de la qualité de Français. A défaut de l'acte de naissance, l'électeur justifie valablement qu'il a l'âge requis, par la représentation d'autres actes authentiques qui ne permettent pas de douter qu'il ait atteint cet âge, particulièrement par la production du contrat et de l'acte civil de son mariage. (Cour royale de Bordeaux, 18 juin 1830.)

Si malgré la production de l'acte de naissance, l'administration contestait encore

la nationalité de l'électeur, il pourrait réclamer son inscription sur la liste : le doute est
favorable à la qualité de Français, surtout
si celui qui réclame demeure depuis longues
années en France. (Cour royale de Rennes,
7 mai 1827.)

La preuve de la naturalisation se fait en
produisant l'expédition authentique des lettres accordées par le Roi ou le numéro du
Bulletin des lois qui en contient la mention.

IIe SECTION.

De l'âge.

D'après la Charte de 1814, l'âge de trente
ans était nécessaire pour l'exercice du droit
électoral. On avait généralement reconnu
que cette disposition était peu en harmonie
avec les lois qui fixent l'âge de la majorité ;
et que le Français qui, à vingt et un ans,
peut disposer de sa fortune et faire tous les
actes de la vie civile ne saurait, dans l'intérêt
même de la chose publique, rester encore
dix années étranger à la vie politique. L'article 11 sanctionne de nouveau une nécessité
que la Charte de 1830 a déjà consacrée :

3.

l'art. 34 est ainsi conçu : « Nul n'est électeur
« s'il a moins de vingt-cinq ans et s'il ne
« réunit les autres conditions déterminées par
« la loi. »

IIIe SECTION.

Du cens.

Le cens est sans contredit la condition
essentielle de la capacité électorale. Le législateur a cherché jusqu'à présent dans la
situation sociale de l'individu, dans sa position de fortune, le signe extérieur de l'indépendance, du discernement et de l'intérêt
au maintien de l'ordre public ; triple capacité, sans laquelle il n'y a ni choix réel, ni
véritable suffrage.

Le gouvernement, tout en cherchant à
conférer au plus grand nombre possible de
citoyens les droits politiques qu'ils ont su
conquérir, n'avait déterminé aucun cens ; il
s'était borné à accroître la représentation
de la France d'une part égale au nombre total des électeurs dans chaque arrondissement, et il avait pris pour base du double-
ment des électeurs, les listes closes au 16
novembre 1830, qui, par un concours sin-

gulier de circonstances, sont les plus élevées en nombre qu'on ait eues, puisqu'elles contiennent 94,000 électeurs.

Ce système a été l'objet de vives réclamations. On sait (M. Béranger) combien il est susceptible de favoriser les fraudes de l'administration dont les opérations, pour la formation des listes, ne pourraient être que difficilement surveillées, ce qui rendrait à peu près illusoire le droit d'intervention des tiers. Il importe que le signe de la capacité soit positif et facile à connaître, il importe qu'il soit invariable et qu'une fois cette capacité acquise, on ne puisse plus la perdre autrement qu'en cessant de payer le cens ou de remplir les autres conditions exigées par la loi ; tandis qu'avec le système des plus imposés, nul n'est assuré du titre d'électeur. Toute fortune nouvelle qui s'élève, tout nouveau propriétaire qui s'introduit dans un département, met en péril les droits des derniers inscrits sur les listes, et jette une grande incertitude sur l'accomplissement des conditions exigées d'eux.

Tous ces inconvéniens disparaissent avec le cens absolu ou déterminé : il ne s'agit plus que de chercher dans la quotité de l'impôt un signe de capacité qui soit indépendant de toute autre considération. La Charte de 1814 l'avait trouvé dans le paiement du cens de 3oo fr. Ce signe indiquait alors une fortune moyenne ; l'élection se trouvait ainsi placée dans cette partie de la société qui en forme en quelque sorte le milieu, et qui touche d'assez près aux classes inférieures et aux plus élevées pour faire supposer que l'on représente tous les intérêts.

Mais pour continuer à renfermer les droits politiques dans les mêmes limites, ne s'est-il rien passé autour de nous, la France depuis 1814 n'a-t-elle fait aucun progrès ? serait-ce trop augurer de notre nation, après seize ans de gouvernement représentatif, que de lui supposer une éducation politique assez avancée pour croire qu'elle eût pénétré au même degré dans la classe des propriétaires qui paient un tiers moins de contributions ? En d'autres termes, contesterait-on que le possesseur d'un immeuble ou d'une industrie qui, en 1831 le soumet à un impôt de 200 fr. et qui, par cette possession, est censé jouir d'une certaine aisance, n'ait acquis une

intelligence des affaires publiques au moins
égale à celle qu'avait le citoyen dont l'impôt, en 1814, s'élevait à un tiers de plus ?
Lui supposerait-on un amour moins prononcé pour l'ordre et la paix ; un éloigne-
ment moins vif pour tout ce qui pourrait la
troubler ; moins d'aptitude enfin à discerner
celui de ses concitoyens qui mériterait le
mieux son suffrage ? D'un autre côté, en
même temps que le progrès des lumières politiques a été plus sensible, le signe qui ser-
vait à les constater, changeant de valeur, a
restreint la capacité dans de plus étroites
limites ; il est résulté de là, qu'au lieu que la
progression fût la même, il y a eu des deux
parts action en sens contraire.

D'après ces diverses considérations, la
Chambre des députés a adopté le cens de
200 fr. pour établir la capacité politique.

La Chambre des pairs, suivant un autre
système, ne comptait, pour former la masse
des contributions nécessaires à la qualité d'é-
lecteur, que le principal des contributions
directes, en abaissant le cens à 150 fr. Par
ce moyen, disait M. Decazes, on obtiendra
l'uniformité désirable dans la mesure adop-

tée pour l'évaluation des revenus. Il n'y aura plus besoin de rechercher si tels ou tels centimes sont ou ne sont pas à juste titre compris dans cette mesure. D'un autre côté, la loi de finances se trouve séparée, au moins pour un temps assez long, du système electoral, et pourra pourvoir aux besoins de l'État ou au soulagement des contribuables, sans que l'opinion publique se préoccupe de l'effet qui résulterait des mesures financières, relativement à la composition des colléges.

C'est en effet une préoccupation de ce genre qui paraît avoir déterminé la Chambre des pairs; le ministre des finances venant de proposer une augmentation éventuelle de 55 centimes à la contribution foncière. (*Voir l'art.* 79.)

L'opinion publique s'est unanimement prononcée contre ce système : le gouvernement a déclaré qu'il serait inexécutable dans le délai voulu par la loi et par la nature des choses, et la Chambre des députés l'a rejeté pour en revenir au cens de 200 fr. déjà fixé par elle.

D'après les tableaux et les documens qui ont été communiqués aux Chambres par le

ministère, le nombre des électeurs à 200 fr.
serait de 202,000

Electeurs supplémentaires pour
porter les colléges au nombre de
250 3,000

Adjonctions 10,000

Additions en conséquence de la
loi sur la contribution personnelle et mobilière 20,000

Total. . . 255,000

On peut compter près de deux cent trente
mille, le nombre des adjonctions ayant été
considérablement diminué. Pour les pro-
chaines élections, le corps électoral ne sera
guère que d'environ 210,000; la loi du 26
mars dernier sur la contribution personnelle
et mobilière ne devant être mise à exécution
avant le 1er septembre prochain, à cause des
recensemens et vérifications ordonnées par
cette loi.

2. Si le nombre des électeurs d'un arrondissement électoral ne s'élève pas à
cent cinquante, ce nombre sera complété
en appelant les citoyens les plus imposés
au-dessous de 200 francs.

Lorsqu'en vertu du § précédent, les citoyens payant une quotité de contribution égale, se trouveront appelés concurremment à compléter la liste des électeurs, les plus âgés seront inscrits jusqu'à concurrence du nombre déterminé par ledit article.

Le 1ᵉʳ § de cet article doit être entendu dans ce sens que le nombre de 150 électeurs sera complété par les contribuables les plus imposés au-dessous du taux fixé par le cens de l'électorat; de manière qu'il y ait au moins cent cinquante électeurs de l'impôt, indépendamment des électeurs par adjonctions.

Il résultera de cette disposition que dans quelques-uns de ces arrondissemens le cens électoral pourra descendre très bas; mais entre cet inconvénient et celui de confier le choix d'un député à six électeurs, par exemple, comme dans l'arrondissement d'Argelès, il ne pouvait y avoir à hésiter. Si le cens électoral était resté fixé à 300 fr., le nombre des arrondissemens électoraux ayant moins de 150 électeurs eût été d'environ quatre-vingt. Il paraît ne devoir être que de trente-deux, au moyen de la réduction du cens à 200 fr.

3. Sont en outre électeurs, en payant 100 francs de contributions directes :

1º Les membres et correspondans de l'Institut ;

2º Les officiers des armées de terre et de mer jouissant d'une pension de retraite de 1,200 fr. au moins, et justifiant d'un domicile réel de trois ans dans l'arrondissement électoral ;

Les officiers en retraite pourront compter, pour compléter les 1,200 fr. ci-dessus, le traitement qu'ils toucheraient comme membres de la Légion d'Honneur.

Le gouvernement avait proposé en outre les adjonctions suivantes :

« Les membres des conseils généraux de département, les maires et adjoints des villes d'une population agglomérée de quatre mille habitans, ou chefs-lieux de département et arrondissement ;

« Les docteurs de l'une ou de plusieurs des facultés de droit, de médecine, des sciences et des lettres, après trois ans de domicile réel dans l'arrondissement électoral ;

«Les licenciés de l'une des facultés de droit, des sciences et des lettres, inscrits sur le tableau des avocats ou des avoués près les cours et tribunaux; ou chargés de l'enseignement de quelqu'une des matières appartenant à la faculté où ils auront pris leur licence, après trois ans de domicile réel dans l'arrondissement électoral;

«Les licenciés de l'une des facultés de droit, des sciences et des lettres, qui, n'étant pas inscrits sur le tableau des avocats et des avoués près les cours et les tribunaux, ou qui, n'étant pas chargés de l'enseignement de quelqu'une des matières appartenant à la faculté où ils auraient pris leur licence, justifieront qu'ils ont depuis dix ans un domicile réel dans l'arrondissement électoral.»

La commission avait ajouté: «les juges des cours et tribunaux en activité ou en retraite.»

Les adjonctions adoptées par les Chambres se sont bornées aux membres et correspondans de l'Institut et aux officiers en retraite jouissant de douze cents francs de pension. Le système proposé a paru fondé sur un principe vicieux, en ce qu'il mettait dans la main du gouvernement un moyen d'influence qu'il ne doit pas avoir dans les colléges électoraux. Sans doute, a-t-on dit, ces adjonctions offrent peu de danger pour le moment présent, mais en sera-t-il de même pour l'avenir? Quelle serait aujourd'hui la destinée de la France, si la loi de février 1817 eût contenu de semblables dispositions? Et d'ailleurs où chercher le signe réel de la capacité et de l'intelligence qui sont le véritable principe de ces adjonctions? Le diplôme et l'inscription au tableau, les seuls qu'on puisse offrir, sont-ils une garantie suffisante, surtout quand l'un et l'autre sont accordés avec une si grande facilité? On a craint d'un autre côté de constituer un privilége permanent tout-à-fait incompatible avec notre droit public.

Relativement au domicile de trois ans, voyez art. 12.

4. Les contributions directes qui confèrent le droit électoral sont la contribution foncière, les contributions personnelle et mobilière, la contribution des portes et fenêtres, les redevances fixes et proportionnelles des mines, l'impôt des patentes, et les supplémens d'impôt de

toute nature connus sous le nom de centimes additionnels.

Les propriétaires des immeubles tem-
porairement exemptés d'impôts, pourront
les faire expertiser contradictoirement et
à leurs frais, pour en constater la valeur
de manière à établir l'impôt qu'ils paieraient, impôt qui alors leur sera compté
pour les faire jouir des droits électoraux.

La patente sera comptée à tout médecin
ou chirurgien employé dans un hôpital ou
attaché à un établissement de charité, et
exerçant gratuitement ses fonctions, bien
que, par suite de ces mêmes fonctions, il
soit dispensé de la payer.

L'impôt formant en général le signe authentique de la capacité électorale, nous
examinerons les questions qui ont rapport,
soit à la nature des impôts qui donnent le
droit d'élection, soit aux personnes qui peuvent faire entrer ces impôts dans leur cens
électoral.

PREMIÈRE SECTION.

De la nature des impôts.

Les contributions publiques se divisent en

deux branches : les contributions *directes* et les contributions *indirectes*.

Celles-ci, incertaines et variables par leur nature et par leur objet, se composent, d'après la loi du 8 janvier 1790, de tous les impôts assis sur la fabrication, la vente, le transport et l'introduction de plusieurs objets de commerce et de consommation : impôts dont le produit ordinairement avancé par le fabricant, le marchand ou le voiturier, est supporté et indirectement payé par le consommateur.

Les contributions directes, établies sur une base fixe et déterminée, peuvent seules conférer le droit électoral. Sous ce nom de contributions directes on désigne annuellement dans les lois des finances : 1° la contribution foncière ; 2° la contribution personnelle et mobilière ; 3° la contribution des portes et fenêtres ; 4° les patentes. Chacune de ces quatre contributions se compose d'un *principal* et de *centimes additionnels.* Ces centimes additionnels sont de deux espèces. Les uns sont déterminés à un maximum au tableau qui accompagne la loi de finances, savoir : 1° les centimes imposés sur tous les départemens par le budget; 2° les cinq centimes communaux ordinaires; 3° les centimes départementaux facultatifs jusqu'au maximum de cinq centimes; 4° les centimes pour le cadastre, qui peuvent être votés jusqu'au maximum de trois centimes; 5° enfin, les remises ou taxations de percepteurs et receveurs. Les autres sont les centimes extraordinaires que les corps administratifs et le gouvernement établissent immédiatement pour les dépenses urgentes et imprévues d'un département ou d'une commune.

Le législateur a judicieusement fait cesser la divergence d'opinions qui s'était manifestée entre les Cours royales, au sujet de ces deux espèces de centimes additionnels ; qu'ils soient déterminés ou temporaires, ils font partie du cens électoral, la loi est explicite : *les supplémens d'impôt de toute nature, connus sous le nom de centimes additionnels* sont un des élémens de la contribution directe.

Les propriétaires des mines sont soumis à deux espèces de redevances: l'une qui s'appelle la *redevance fixe*, et qui consiste en deux francs par hectare de superficie de la mine, et l'autre, la *redevance proportionnelle*, qui est établie sur le produit de la mine et qui peut varier chaque année. L'une et l'autre de ces redevances, dans le sens de la loi de 1810, sont des contributions payées à l'État; elles sont perçues de la même manière sur des rôles dressés par le directeur des contributions directes et approuvés par le préfet, et c'est entre les mains du percepteur de la commune où est situé l'établissement que l'une et l'autre se paient. C'est pour ces motifs que la loi considère ces deux redevances comme contributions directes : jusqu'ici la redevance proportionnelle avait seule été admise dans le cens électoral.

Dans la vue de favoriser d'importantes constructions et de contribuer à l'ornement des villes, l'État exempte d'impôt certains immeubles, pendant un temps déterminé (loi du 3 frimaire an VII, art. 88); telles sont les maisons de la rue de Rivoli, à Paris, et de la place Belcour, à Lyon. Deux ordonnances rendues en conseil-d'état (14 juillet 1821 et 11 février 1824), et un arrêt de la Cour royale de Rouen du 28 août 1829 décidaient que les propriétaires de ces maisons, ne payant pas de contributions pour le moment, ne pouvaient pas être mis sur la liste électorale. La loi nouvelle rejetant cette doctrine, a déterminé le mode d'évaluer la contribution dont ces maisons seraient affectées, afin que les propriétaires puissent en profiter. Elle a rendu la faveur entière, en la dépouillant de ce caractère de suspicion et de pénalité qui privait les propriétaires du droit le plus précieux que la loi attache à la contribution.

Des colons domiciliés en France, et qui désirent y jouir des droits politiques, peuvent-ils faire entrer dans le calcul des contributions exigées pour être électeurs ou éligibles, celles qu'ils paient dans les colonies?

En 1817, l'administration décida que les contributions directes des colonies, dont le produit est versé dans les caisses publiques et employé au paiement des dépenses générales du service du roi, telles que celles qui sont connues sous le nom de *capitation* (ou contribution personnelle) de noirs, taxe sur les maisons et contributions des patentes, pouvaient entrer dans le calcul des contributions exigées pour être électeur ou éligible; et que, pour en justifier, les colons devaient produire des extraits de rôle délivrés par l'agent de la perception dans la colonie, visés par l'intendant ou par l'administrateur qui en fait les fonctions, et légalisés par le ministre de la marine.

Plus tard elle a adopté une doctrine opposée et plus conforme et à la nature des choses et à l'esprit des lois électorales. Voici les motifs d'une ordonnance rendue en ce sens le 30 décembre 1823 :

« Considérant que la nature, l'assiette, la quotité et la limite des contributions perçues dans les colonies, quoique établies légalement en vertu de l'art. 73 de la Charte (aujourd'hui 64), ne sont pas réglées directement par la loi, et varient suivant les besoins et la volonté de l'administration ; ce qui est essentiellement contraire au caractère que doivent avoir les impôts pour constituer le cens électoral et conférer les droits politiques dont il est la base ;

« Nous avons ordonné, etc.

« ART. 1er. La requête du sieur de Bovis-Beauvoisin est rejetée. »

Les formalités et les délais qui accompagnent la formation des listes et l'intervention que la loi accorde aux tiers, sont des motifs qui n'excluent pas moins ces sortes de contributions du cens électoral. Comment en effet les tiers pourraient-ils vérifier les pièces justificatives, dans le court délai que leur assigne la loi? et les colons eux-mêmes, dans le cas où de nouvelles pièces deviendraient nécessaires, auraient-ils le temps de les produire avant la clôture définitive des listes?

Un supplément d'octroi remplace dans certaines villes l'impôt mobilier. Mais on ne peut en induire que les contribuables puissent se prévaloir d'une quote-part dans ce supplément d'octroi, représentative de la portion d'impôt mobilier que chacun devrait payer suivant les bases ordinaires de cette dernière contribution. Car l'impôt mobilier a pris la nature du produit de l'octroi, qui est une contribution directe. (Loi du 8 janvier 1790.) Comment d'ailleurs évaluer ce que chacun verse dans la caisse de l'octroi?

Du reste la question a été décidée en ce sens par une ordonnance rendue au conseil d'État, le 10 avril 1828, et par un arrêt de la Cour royale de Rouen du 28 août 1829. Cet arrêt est ainsi conçu :

« Considérant que la contribution mobilière pour la ville de Rouen a été remplacée par une addition à l'octroi ;

« Que, suivant l'art. 153 de la loi du 28 avril 1816, le produit net des octrois est soumis au profit du trésor, à un prélèvement de dix pour cent à titre de subvention ;

« Que, par l'art. 48 de la loi du 25 mars 1817, il a été ordonné que dans les villes ayant un octroi, le remplacement du montant de la contribution personnelle et mobilière pourrait être opéré par une perception sur les consommations, et que ce mode de perception serait réglé par des ordonnances ;

« Considérant que le conseil municipal de la ville de Rouen a dû user de la faculté qui lui avait été donnée par cette loi, quant à la contribution mobilière seulement, puisqu'elle se trouve remplacée par une perception sur les consommations, et que ce mode de perception est réglé par une ordonnance émanée de l'autorité royale ;

« Que par ce fait la contribution mobilière, dans la ville de Rouen, a changé de nature; qu'elle est devenue contribution indirecte, se percevant sur les consommations; et que n'y ayant que les contributions directes qui puissent être admises pour former un cens électoral, on ne peut appliquer à un citoyen demeurant à Rouen une portion quelconque de ce qu'il paie pour ses consommations;

« Considérant qu'il est constant que ce mode de perception préjudicie à ceux des habitans de Rouen qui prétendent au droit électoral, en ce qu'il les prive d'une portion de la masse des contributions directes nécessaires à la qualité d'électeur ou d'éligible;

« Mais considérant que les magistrats ne peuvent interpréter la loi qu'autant qu'elle présente des doutes;

« Que l'art. 40 de la Charte (disposition non conservée dans celle de 1830), que les art. 1er et 2 de la loi du 5 février 1817, (art. 4 de la nouvelle loi électorale) sont positifs; que la loi du 28 avril 1816 et celle du 25 mars 1817 sont claires et ne présentent aucune ambiguité; et que dans l'état actuel des choses, le sieur Aroux, comme habitant de la ville de Rouen, ne paie pas de contributions mobilières; qu'il paie seulement des droits d'octroi à raison de ses consommations, lesquels droits sont une contribution indirecte, et ne peuvent être comptés dans la masse des contributions nécessaires à sa qualité d'électeur ou d'éligible, etc.... »

Le contribuable qui, à cause des pertes qu'il a éprouvées, a obtenu une remise ou une modération sur sa contribution foncière ou sur sa patente, doit être compris dans la totalité de sa cote, c'est-à-dire, pour toute la somme à laquelle sa propriété ou son industrie est annuellement imposée, et non pas seulement pour celle à laquelle il a été maintenu. Car la remise ou modération dont il s'agit n'est ni une exemption, ni une diminution d'impôt; c'est un secours momentané et proportionné aux pertes résultant d'événemens imprévus et à la quotité du fonds de non-valeur établi à cet effet. ...

Il n'en serait pas de même s'il s'agissait d'une réduction réelle de contributions, d'un dégrèvement obtenu pour ses impositions. Alors on ne doit tenir compte au contribua ble que de la contribution réduite. (Solution du 18 août 1817.)

Si on avait compté par erreur à un particulier des contributions qu'il ne devait pas, et que l'année suivante on l'en eût dégrevé, il ne saurait se prévaloir, pour être maintenu sur la liste, de ce qu'il les a déjà payées. Car l'exercice des droits politiques est trop important pour qu'il dépende des contribuables ou des répartiteurs d'impôts de le modifier à leur gré. Ainsi jugé par deux arrêts des Cours royales de Lyon et d'Amiens, les 16 janvier et 15 novembre 1828.

La redevance payée à un médecin d'eaux minérales par les propriétaires de sources, en vertu de l'arrêté du 6 nivose an XI, ne peut être considérée comme une contribution directe susceptible de conférer le droit d'électeur.

En effet, cette perception, bien qu'autorisée annuellement par la loi des finances, a une destination spéciale qui ne permet pas de la mettre au nombre des impositions directes affectées aux dépenses de l'État, des départemens ou des communes; elle n'est pas portée sur le rôle ordinaire, mais sur un rôle particulier, et est classée dans la loi des finances avec les impôts indirects et les subventions affectées à des objets spéciaux. (Solution du 26 septembre 1827.)

L'assiette des contributions est tout-à-fait du ressort de l'administration, et les Cours royales ne sont pas compétentes pour examiner si une contribution est bien ou mal assise. (Orléans, 21 juin 1830.)

La contribution pour vérification des poids et mesures frappant directement sur la personne, est une contribution directe. La question a été jugée dans ce sens par la Cour royale de Grenoble, le 19 juin 1830 : l'arrêt est ainsi conçu :

« Attendu que cette contribution est directe, puisqu'elle frappe directement sur la personne, qu'elle a été établie par une loi, et que la perception en est faite par le percepteur des contributions, et le montant versé directement au trésor royal, et que le rôle des personnes qui par état tiennent des poids et mesures, est dressé par le directeur des contributions directes de chaque département ;

« Attendu que cette contribution ainsi perque devrait au moins être considérée comme un supplément aux rôles des patentes, puisque, comme celle-ci, elle frappe une classe de Français, qui, par leur commerce sont obligés de se servir de poids et mesures, etc. »

La retenue faite sur les traitemens des pensionnaires ou salariés de l'Etat, en vertu de la loi des finances, ne doit pas être considérée comme contribution directe. Cette retenue n'est dans le fait qu'une réduction temporaire des traitemens, et non pas une contribution; et si le produit de ces retenues est compris en dépense et en recette au budget de l'Etat, c'est uniquement pour l'ordre de la comptabilité. Elle n'est pas d'ailleurs un sacrifice imposé au contribuable, elle est faite dans son intérêt et pour lui ménager une ressource de plus dans le temps où l'âge des infirmités le rendra incapable de prolonger son service.

La retenue que les militaires subissent sur leur traitement, soit d'activité, soit de demi-solde, et dont une partie a été établie pour compenser la contribution personnelle et mobilière que leur état les dispense de payer, ne doit pas plus compter pour les militaires que pour les fonctionnaires ou employés civils. Mais les militaires qui, ayant une résidence fixe, sont, conformément à l'article 1er de l'arrêté du 28 thermidor an X, cotisés à la contribution personnelle et mobilière au lieu de cette résidence, à raison de deux centimes par franc de leur traitement, ont droit de compter cette cotisation. Ce n'est pas, en effet, une retenue sur le traitement, c'est une véritable taxe personnelle, évaluée, il est vrai, d'après une base particulière, mais *imposée au rôle commun et payée de la même manière que la contribution personnelle.* (Solution du 18 avril 1817.)

IIe SECTION.

Des personnes qui peuvent profiter des contributions pour leur cens électoral.

Les contributions étant une charge de la propriété, c'est au propriétaire qu'elles doivent profiter, soit qu'elles s'établissent sur des immeubles, soit qu'elles pèsent sur une industrie. Si donc un individu supporte les charges et jouit des bénéfices de la propriété, il a , sans aucun doute , le droit de compter les contributions dans son cens électoral, ou en totalité, ou en proportion des charges et des bénéfices. Tels sont les principes généraux qu'il ne faut jamais perdre de vue dans la solution des nombreuses difficultés que présente cette matière importante.

Voyons comment ces principes ont été consacrés par l'Administration, par les Cours royales et par la Cour de cassation. Nous suivrons l'ordre tracé par la loi des finances, c'est-à-dire que nous nous occuperons successivement de la contribution foncière, de la contribution personnelle et mobilière, de la contribution des portes et fenêtres et des patentes.

§ Iᵉʳ. *De la contribution foncière.*

Quand un bien indivis est imposé sous le nom d'un des copropriétaires ou des cohéritiers, chacun de ces derniers peut profiter de sa part dans la contribution de l'immeuble proportionnellement à ses droits de propriété.

Il doit justifier de ses droits par titres authentiques : cependant la Cour royale de Bourges, par arrêt du 6 novembre 1829, a déclaré que la preuve de l'indivision était suffisamment établie par un certificat du percepteur, vérifié par le maire. Cet arrêt est ainsi conçu :

« Attendu qu'aucune loi n'exige la production de titres authentiques pour constater la possession du contribuable, attestée par le certificat du percepteur, vérifié par le maire ; que, outre les articles concernant les contributions non contestées, le sieur Desgrey prouve par certificats réguliers qu'il est imposé dans la commune de Montipouret pour la somme de 117 fr. 72 cent., conjointement avec les sieurs Hervaut et Pinaut ; que la propriété paraissant indivise entre ces trois particuliers, la présomption est pour la sincérité de l'attestation du percepteur, que le tiers de cette contribution est à la charge du sieur Desgrey ; que le préfet ne pouvait donc pas rejeter cet article sans avoir mis le sieur Desgrey dans le cas de justifier de sa propriété ; qu'ainsi le tiers de cet article, montant à 39 fr. 24 cent., doit être compté au sieur Desgrey, etc. »

Dans un cas analogue, l'administration avait décidé que les pièces à produire sont, 1° un extrait des rôles des contributions imposées sur la totalité des biens ; 2° le titre ou copie du titre en vertu duquel il est copropriétaire dudit bien, dans telle ou telle proportion. Cette dernière pièce n'est, au reste, nécessaire que lorsque l'extrait du rôle ne fait pas connaître distinctement la portion de contributions directes à la charge de chacun. (Solution du 18 avril 1817.)

Si l'un des cohéritiers a reçu des avantages particuliers, il doit en justifier pour se faire compter une plus forte cote de contributions. A défaut de cette preuve, il y a présomption que les cohéritiers possèdent proportionnellement à leurs droits successifs. (Solution du 18 septembre 1830.)

Ces principes ont été adoptés par les Cours royales de Caen et de Toulouse les 20 janvier et 23 novembre 1829.

Si un bien a été vendu à plusieurs acquéreurs qui se le sont partagé, et que le cadastre n'ait pas encore déterminé la contribution de chaque portion, mais que les acquéreurs se soient engagés mutuellement à payer chacun telle portion déterminée des contributions du bien vendu, chacun d'eux peut profiter de cette portion d'impôt, puisqu'elle représente la contribution de sa portion de propriété. Il faut toutefois que la possession ait la date voulue par la loi (art. 7), et que le partage des contributions entre tous les acquéreurs soit justifié par acte authentique. (Solution du 11 septembre 1820.)

On peut compter à un cohéritier sa portion intégrale des contributions de l'hérédité, quoique les autres cohéritiers aient un préciput en argent. En effet, les cohéritiers avantagés n'ont qu'une créance sur les immeubles de la succession. (Cour royale de Pau, 10 déc. 1828.)

Un père a donné une partie de ses biens à son fils; et celui-ci, propriétaire des biens donnés par le père, et héritier présomptif du surplus, étant l'administrateur de la fortune de la famille, et seul imposé pour le tout au rôle des contributions, quoiqu'il ne possède réellement qu'une partie des biens, l'administration doit-elle requérir la distinction des biens pour établir ce que chacun paie de contributions?

Non : la cession n'a pu se faire qu'en vertu d'un acte qui désigne les biens cédés. La présentation de cet acte suffit pour faire connaître ce qui appartient encore en propre au père, ce qui a été cédé au fils. Il est donc facile de juger si l'un des deux ou si tous les deux paient la quotité de contributions requise. Il en est de même toutes les fois qu'il y a jouissance indivise, à quelque titre que ce soit.

Le vendeur d'un immeuble ne peut profiter des contributions de sa propriété aliénée, quand même ces contributions continueraient à être payées sous son nom. Le droit d'élection est attaché à la propriété qui est passée dans les mains de l'acquéreur. Celui-ci, pour justifier de son droit, n'a qu'à produire l'acte ou copie certifiée de l'acte d'acquisition.

Les contributions d'un bien vendu avec faculté de rachat ou à réméré doivent être comptées à l'acquéreur, qui, d'après l'art. 1665, exerce tous les droits de son vendeur. Il est véritablement propriétaire, sauf une condition éventuelle qui, lorsqu'elle s'accomplit, opère une nouvelle transmission de la propriété. L'acquéreur jouit comme possesseur du bien vendu à réméré ; il en *paie les contributions :* dernière considération qui, en général, sert à résoudre les difficultés de cette nature.

L'emphythéose est une convention par laquelle le propriétaire d'un héritage en cède à quelqu'un la jouissance pour un temps, à la charge d'une redevance annuelle que le bailleur se réserve sur cet héritage. L'administration a décidé que la contribution foncière devait profiter à l'emphythéote, dont les droits diffèrent peu de ceux du propriétaire. (Solution du 16 septembre 1820.)

La capacité électorale étant essentiellement fondée sur la propriété, il semblerait que le propriétaire et non l'usufruitier devrait profiter de la contribution foncière. Mais l'impôt est la mesure de cette capacité, et la loi politique se bornant à déterminer les principes généraux, s'est soumise à la loi civile pour les cas particuliers. Cette dernière loi assimile l'usufruitier au propriétaire : ainsi il est tenu de toutes les charges annuelles de l'héritage, telles que les contributions (C. civ., art. 608); il jouit généralement de tous les droits dont le propriétaire peut jouir, et il en jouit comme le propriétaire lui-même (*ibid.*, art. 597). C'est donc à l'usufruitier que doivent être comptées les contributions, puisqu'il réunit les charges et les bénéfices de la propriété.

Une décision ministérielle du 18 avril 1817, et un arrêt de la Cour royale d'Aix, du 5 mai 1830, ont reconnu ce principe.

L'usufruitier peut-il se décharger du paiement de l'impôt pour le mettre au compte du propriétaire?

Une pareille convention, faite dans un intérêt privé, serait parfaitement licite; mais elle ne peut avoir d'influence sur le régime électoral, qui a sa base dans l'assiette légale des contributions et non dans la volonté des contribuables. Du reste, des conventions de ce genre, quelle que soit l'espèce de contributions, sont sans effet pour la détermination du cens d'élection.

C'est d'après ce principe que la Cour royale d'Amiens, par un arrêt du 15 novembre 1828, a décidé qu'un usufruitier n'avait pas pu stipuler du donataire de la nue-propriété le paiement des impôts de l'immeuble donné.

La Cour royale de Montpellier a jugé dans le même sens par un arrêt du 12 octobre 1829, dont voici les considérans :

« Attendu que, s'il est vrai de dire que les parties peuvent, dans leurs transactions particulières, déroger aux principes de droit commun en tout ce qui ne blesse ni les lois, ni les bonnes mœurs, cette faculté ne peut leur être laissée, et leurs conventions ne peuvent être valables qu'en ce qui touche leurs intérêts privés, mais ne peuvent être opposées ni obtenir aucun effet lorsqu'il s'agit d'intérêts publics et politiques, qui ne sauraient être étendus au-delà des limites dans lesquelles ils auraient été rigoureusement circonscrits par les lois ;

« Attendu qu'en faisant à la cause l'application de ce principe, le sieur Ange Émeric a bien pu, par l'acte de partage du 10 octobre 1827, acquérir la nue-propriété de l'immeuble des contributions duquel il s'agit, en se soumettant à la double obligation, premièrement, d'en laisser l'usufruit à la dame Catherine Malart, et, en second lieu, d'en supporter lui-même les impositions contrairement à l'art. 608 du Code civil, qui les met à la charge de l'usufruitier; mais que cette convention particulière, valable sans doute entre lui et la dame Malart, ne peut être invoquée lorsqu'il s'agit d'intérêts publics et d'une loi politique, et ne saurait avoir l'effet de transférer le droit électoral que la loi accorde à l'usufruitier par suite du paiement des impositions auquel elle le soumet, au nu-propriétaire qui ne reçoit d'elle aucun pouvoir ni caractère;

« Que dès lors, dans l'espèce, l'art. 608 du Code civil doit demeurer dans toute sa force, avec d'autant plus de raison que la Charte constitutionnelle et les lois survenues depuis, ayant trouvé la disposition qui y est énoncée dans toute sa vigueur, et n'y ayant en aucune manière dérogé, doivent être entendues dans un sens analogue à la législation préexistante, qu'elles ont ainsi de plus fort confirmée.

« Qu'en décider autrement serait donner à l'usufruitier le droit, en l'exonérant des contributions qui sont à sa charge, de conférer la qualité d'électeur au nu-propriétaire auquel la loi ne l'accorde pas ;

« Attendu, d'après ces considérations, que le cens électoral étant fixé par la Charte constitutionnelle à une imposition de trois cents francs, et le sieur Ange Émeric ne pouvant l'atteindre qu'en assumant sur sa tête les contributions que la loi met à la charge de l'usufruitier, et dont il ne peut profiter, nonobstant toute convention particulière, pour obtenir un droit politique que la loi ne lui défère pas, il suit que sa demande ne saurait être accueillie, et qu'à bon droit elle aurait été rejetée par le préfet des Pyrénées-Orientales. »

Enfin, dans un cas analogue à celui qui a été jugé par la Cour royale d'Amiens, le 15 novembre 1828, ce principe a reçu une nouvelle application dans un arrêt de la Cour de cassation du 9 avril 1829, ainsi motivé :

« Considérant qu'aux termes de l'art. 608 du Code civil, les contributions imposées sur les immeubles sont au nombre des charges annuelles dont l'usufruitier est tenu pendant la jouissance ;

« Que la Charte constitutionnellle et les lois relatives à la formation des listes électorales, ayant exigé des citoyens inscrits sur ces listes le paiement d'une contribution directe de trois cents francs, sans dire précisément auquel de l'usufruitier ou du nu-propriétaire compterait la contribution foncière, s'en sont évidemment référées à la règle tracée par l'article précité du Code civil ;

« Qu'à la vérité, les parties peuvent, comme dans l'espèce, déroger à cette règle par des conventions particulières et mettre les contributions à la charge de celui qui n'a que la nue-propriété de l'immeuble, mais que ces conventions, valables en ce qui touche les intérêts pécuniaires et privés, ne sauraient être opposées lorsqu'il s'agit de l'exécution de la loi politique, et avoir pour effet de transférer le droit électoral, de l'usufruitier auquel la loi le confère, au nu-propriétaire, qui n'a reçu d'elle aucun pouvoir, etc. »

Les principes qui régissent l'usufruit en général s'appliquent à l'usufruit établi sous une condition résolutoire. (*C. civ.* art, 580.) La condition n'en modifie pas la nature, elle en subordonne seulement la durée à tel acte ou à tel événement : tant que cet acte ou cet événement n'est pas accompli, l'usufruit existe aussi complètement que s'il avait été établi sans condition, et l'usufruitier jouit par conséquent de tous les droits du propriétaire. Les contributions doivent donc lui être comptées pour l'exercice du droit d'électeur. (Solution du 6 nov. 1820).

Dès que l'usufruit a pris fin, les contributions dont était grevé l'objet soumis à l'usufruit tombent à la charge du propriétaire. (Cour de cassation, 18 juin 1830.)

On ne peut assimiler à l'usufruitier le locataire et le fermier (celui-ci toutefois hors des limites que lui trace la loi électorale, art. 9). Ainsi ils ne pourraient se prévaloir de la contribution foncière, lors même qu'ils en seraient chargés par le bail et que leur nom serait porté sur le rôle : c'est toujours au propriétaire qu'elle doit être comptée pour l'exercice du droit électoral. Car l'impôt foncier établi sur le revenu net (Loi du 3 frimaire an VII, art. 2), est dû par le propriétaire ; et celui-ci, soit qu'il l'acquitte lui-même, soit qu'il charge le fermier ou le locataire de l'acquitter en son nom, moyennant une réduction sur le prix du loyer, supporte toujours en définitive la contribution active sur la propriété. (Ordonn. du roi, du 5 juin 1822.)

Un propriétaire qui, en vendant un immeuble, s'en est réservé la jouissance en se chargeant d'en payer la contribution pendant un temps déterminé, ne peut faire entrer cette contribution dans son cens électoral. C'est ce qui a été reconnu par deux ordonnances rendues en conseil d'Etat le 27 janvier 1828. En voici les motifs :

« Considérant qu'il résulte de l'acte passé pardevant notaire, le 12 août 1829, que le sieur Arrivetz a cédé au sieur Lambert une maison dont les impositions, retranchées de la masse des contributions payées par le sieur Arrivetz, ne laissent plus à sa charge, qu'une cote insuffisante pour le cens électoral;

« Que s'il s'est réservé, par le contrat, la jouissance dudit immeuble jusqu'au 1er juillet 1828, cette réserve ne lui donne droit qu'à une jouissance précaire, qui ne présente aucun des caractères de l'usufruit, et ne saurait en conséquence lui conférer la faculté de compter, pour le cens électoral, les impositions de ladite maison ; et que s'il résulte d'une condition de l'acte, que le sieur Arrivetz continuera de payer les contributions de l'immeuble vendu jusqu'au 1er juillet 1828, ce ne peut être qu'à la décharge du sieur Lambert, qui est devenu le véritable propriétaire, du moment où la cession a été opérée au profit de ce dernier, par les termes exprès de l'acte de vente, et par la remise des titres de propriété, etc. »

Les contributions d'un bien grevé de rentes appelées originairement *rentes foncières* doivent être comptées au propriétaire de l'immeuble, et non au rentier. Les lois rendues depuis 1789 ont dépouillé ce dernier de tout droit de propriété pour le transmettre incommutablement au détenteur, lors même que le propriétaire retiendrait sur le paiement de la rente une somme représentant la contribution de l'immeuble. Cette retenue ne fait pas que le rentier soit propriétaire ou usufruitier de l'immeuble et qu'il paie des contributions à l'État : elle est donc sans influence pour son droit électoral. (Solution du 7 septembre 1820.)

Il en est de même pour les biens concédés à *locatairie perpétuelle*, espèce de bail usité dans les pays de droit écrit. La loi du 18 décembre 1790 a déclaré *rentes foncières* les rentes ou redevances que les preneurs de ces biens paient aux bailleurs. Il suit de ce principe confirmé par un grand nombre d'arrêts judiciaires et de décisions administratives, que les biens donnés en locatairie perpétuelle sont la propriété des preneurs, et que c'est à ceux-ci que doivent profiter, pour la jouissance des droits électoraux, les contributions assises sur ces biens.

Quand un bien est engagé par antichrèse, c'est au débiteur, tant qu'il n'est pas exproprié, que doivent être comptées les contributions de ce bien. En effet, l'antichrèse n'est qu'un contrat de nantissement par lequel le débiteur, au lieu d'assigner à son créancier le paiement des intérêts qu'il lui doit sur le revenu d'un bien, lui abandonne la jouissance de ce bien, mais sans aucun transport de propriété. Ainsi, le créancier engagiste n'est point propriétaire, quoiqu'il ait la jouissance du bien, il ne peut être assimilé à un usufruitier, mais à un créancier saisissant.

L'administration ne peut réduire le cens d'un électeur, sous prétexte que les biens soumis à l'impôt proviennent d'une libéralité excédant la quotité disponible.

Le sieur Durand-Morimbault avait voté en 1827 et 1828; en 1829 son cens fut réduit de moitié. Il se plaignit de cette réduction, et produisit un testament de son épouse, qui lui donne l'usufruit de tous ses biens.

Le 5 septembre, arrêté du préfet qui rejette la réclamation, parce que les biens sur lesquels sont assises les contributions du sieur Morimbault sont indivis entre lui et ses enfans majeurs, et que le testament par lui produit contient un legs d'usufruit susceptible de réduction.

La Cour royale de Bourges, par arrêt du 3 octobre 1829, a infirmé cette décision, attendu que l'électeur avait, depuis longues années, la possession et la jouissance des biens qui lui avaient été laissés par sa femme, et que si les enfans respectant la volonté de leur mère, n'ont point demandé la réduction de cette libéralité, l'administration n'a pas le droit de s'immiscer dans des intérêts privés et de soulever des prétentions que ne veulent point élever les intéressés.

Si par l'effet de la renonciation de l'un des cohéritiers aux avantages résultant en sa faveur du testament du chef de famille, les autres héritiers acquièrent le cens électoral, ce cens doit leur compter, sans que cette renonciation et le partage qui l'a suivie puissent être réputés simulés.

Ainsi jugé par la Cour royale de Bordeaux, le 10 juin 1830 : l'arrêt est ainsi conçu :

« Attendu que les trois frères Lafarge ont pu légalement, et malgré le testament de leur père qui aurait inégalement réparti les biens entre ses enfans, partager entre eux son hérédité par égales portions, qu'ils l'ont fait par acte public du 31 mai dernier ; que cet acte qui fixait leurs droits respectifs a été produit devant le préfet, et rendait inutile la représentation du testament ; qu'on pouvait d'autant moins le considérer comme simulé, qu'il n'est pas défendu de renoncer à la disposition de l'homme pour s'en tenir à celle de la loi qui établit l'égalité entre tous les enfans. »

La taxe du garde-champêtre doit compter

dans le cens électoral : quoique cet impôt soit tout-à-fait local et éventuel, il n'en est pas moins une charge qui affecte le revenu de la propriété. (Arrêt de la Cour royale d'Amiens de juin 1830.) Cependant la Cour royale de Paris, par deux arrêts des 15 et 17 juin 1830, a décidé le contraire, en tirant des mêmes motifs une conséquence contraire. Nous pensons néanmoins que la faveur de l'élection doit faire adopter la première décision.

§ II. *De la contribution personnelle et mobilière.*

Lorsqu'un individu se trouve imposé à deux contributions personnelles et mobilières, il ne peut pas les cumuler pour compléter son cens électoral ; en effet, aux termes de la loi du 3 nivôse an VII, nul né doit payer plus d'une imposition personnelle et mobilière ; la plus forte doit donc seule être admise. (Arrêt des Cours royales de Rennes, de Grenoble et de Paris, des 18 décembre 1828, 4 août 1829 et 22 juin 1830.)

La contribution personnelle et mobilière

du père ne peut être comptée aux enfans, car cette contribution est, par sa nature, un impôt personnel dû par l'imposable personnellement. (Arrêt de la Cour royale de Rennes, 10 février 1829.)

La contribution personnelle et mobilière à laquelle un individu a été imposé, quoique décédé, ne peut profiter à ses héritiers pour former leur cens électoral, encore qu'ils l'eussent payée au trésor ; dans tous les cas, si elle pouvait être considérée comme dette de la succession, elle serait divisible entre les héritiers, et par la même raison profitable à chacun d'eux pour le cens électoral, quoiqu'elle eût été payée par un seul. (Cour royale de Bordeaux, 28 mai 1830.)

§ III. *Des portes et fenêtres.*

Une maison est frappée de deux impositions d'une nature différente : l'imposition de la maison qui est appliquée par l'assiette des contributions dans le cadastre, comme sur des terres arables et comme sur toute autre valeur immobilière, et l'imposition des portes et fenêtres. Or, le propriétaire jouit naturellement des contributions affectées à son

fermage. Le locataire supporte la contribution des portes et fenêtres, et il en profite :
c'est une contribution d'une autre nature,
et proportionnée à la partie de son revenu
qui concerne son loyer. Aussi la loi du 4 frimaire an **VII** déclare que cette contribution
est une *charge locative* (art. 12). Fidèle à ce
principe, l'administration a toujours attribué l'impôt des portes et fenêtres au locataire : mais lorsque le contentieux en matière
électorale a été dévolu au jugement des tribunaux, la plus grande divergence s'est
manifestée entre les Cours royales. Le 2° §
de l'art. 6 de la nouvelle loi met un terme à
cette incertitude de la jurisprudence ; il dispose : « L'impôt des portes et fenêtres des
« propriétés louées est compté, pour la for-
« mation du cens électoral, aux locataires ou
« fermiers. »

Toutefois, en cas de non-location, cet impôt profite au propriétaire. C'est ce qui a été
reconnu par l'administration par deux arrêts
de la Cour royale de Paris, des 21 octobre et
20 novembre 1829, et par un troisième arrêt
de la Cour royale d'Aix, du 5 mai 1830.

L'impôt des portes et fenêtres est toujours

compté au maître d'un hôtel garni (propriétaire ou locataire), et au propriétaire ou locataire qui loue des appartemens en garni; attendu que le premier est censé occuper la maison, qu'elle est pour lui un objet d'exploitation à raison duquel il paie une patente; et que le second, bien qu'il n'occupe pas par lui-même et ne puisse être assimilé à un commerçant, est seul responsable du non-paiement, et que la saisie porte sur un mobilier qui lui appartient. (Solution du 3 novembre 1820.) Arrêt dans le même sens, de la Cour royale de Douai, du 14 juin 1830.

L'impôt de la porte cochère doit être compté au propriétaire. En effet, la loi du 4 frimaire an VII a distingué la contribution des portes et fenêtres des locaux occupés exclusivement par chaque locataire particulier, et celle des locaux consacrés à l'usage commun de tous les locataires. Les propriétaires qui sont tenus de l'impôt envers le gouvernement ont un recours envers les locataires, pour l'impôt du local que chacun d'eux habite exclusivement, mais ils n'en ont point pour l'impôt des locaux qui servent à l'usage commun. (C. roy. de Caen, 29 déc. 1828.)

Mais comment justifier que l'on paie telle quotité dans l'impôt des portes et fenêtres ?

Par une déclaration du propriétaire : si le maire a des doutes sur l'exactitude de cette déclaration, il peut demander à l'administration des contributions de faire vérifier le nombre des portes et fenêtres appartenant à la location de l'électeur. (Inst. minist. du 20 avril 1831.)

§ IV. Des patentes.

Le négociant qui a payé double patente peut-il compter les deux droits pour le cens électoral ?

La Cour royale de Paris a décidé la négative par un arrêt du 22 juin 1830 ; tandis que la Cour royale de Rouen s'est prononcée dans un autre sens, sur le motif que ce double droit est une contribution. Cette dernière Cour nous paraît être tombée dans une erreur manifeste ; sa décision est entièrement contraire à l'art. 24 de la loi du 1ᵉʳ brumaire an VII, qui est ainsi conçu :
« Nul ne sera obligé à prendre plus d'une
« patente, quelles que soient les diverses
« branches de commerce, profession ou in-

« dustrie qu'il exerce ou qu'il veuille exer-
« cer. Dans ce cas, la patente est due pour
« le commerce, profession ou industrie qui
« donne lieu au plus fort droit. »

Le changement fait spontanément par l'administration dans la classe de la patente d'un
négociant, sans que le genre de commerce
de ce négociant ait changé, ne peut nuire
à ses droits électoraux : ainsi le banquier
qui n'avait été porté précédemment sur les
rôles que pour une patente de négociant
et dont la patente se trouve élevée pour
l'année courante, à raison de sa qualité
de banquier, doit être porté sur les rôles à
raison de la nouvelle patente. Ainsi l'a décidé la Cour royale de Grenoble, 14 juin
1830.

La patente du père ne peut être comptée
aux enfans qui continuent son commerce;
car d'après l'art. 25 de la loi du 1ᵉʳ brumaire
an VII, les patentes sont personnelles et ne
peuvent servir qu'à ceux qui les obtiennent.
(Cour royale de Rennes, 24 décembre
1828.)

Par une conséquence de ce même principe, la patente ne peut se transmettre ni

profiter à celui qui succède à l'établissement de commerce. (Arrêts des Cours royales de Riom et de Nancy, 26 novembre 1828 et 16 juin 1830)

5. Le montant du droit annuel de diplôme établi par l'art. 29 du décret du 17 septembre 1808, sera compté dans le cens électoral des chefs d'institution et des maîtres de pension, tant que les lois annuelles sur les finances continueront à en autoriser la perception.

Les chefs d'institution et les maîtres de pension justifieront de leur qualité par la représentation de leur diplôme; ils justifieront du paiement du droit par la représentation de la quittance que leur aura délivrée le comptable chargé de la perception de ce droit.

Le montant de ce droit annuel ne sera compté dans le cens électoral des chefs d'institution et des maîtres de pension qu'autant que leur diplôme aura au moins une année de date à l'époque de la clôture de la liste électorale.

6. Pour former la masse des contributions nécessaires à la qualité d'électeur, on comptera à chaque Français les contri-

butions directes qu'il paie dans tout le royaume; au père, les contributions des biens de ses enfans mineurs dont il aura la jouissance, et au mari celles de sa femme même non commune en biens, pourvu qu'il n'y ait point séparation de corps.

L'impôt des portes et fenêtres des propriétés louées est compté, pour la formation du cens électoral, aux locataires ou fermiers.

Les contributions foncière, des portes et fenêtres et des patentes, payées par une maison de commerce composée de plusieurs associés, seront, pour le cens électoral, partagées par égale portion entre les associés, sans autre justification qu'un certificat du président du tribunal de commerce énonçant les noms des associés. Dans le cas où l'un des associés prétendrait à une part plus élevée, soit parce qu'il serait seul propriétaire des immeubles, soit à tout autre titre, il sera admis à en justifier devant le préfet en produisant ses titres.

Cet article détermine à quelles personnes, dans certains cas généraux, les contributions doivent être comptées : ainsi, le père jouit des contributions de ses enfans mineurs, et le mari de celles de sa femme ; l'impôt des portes et fenêtres des propriétés louées n'est plus incertain, il appartient au locataire ; enfin, les droits des associés sur les contributions payées par la maison sociale sont fixés d'une manière générale.

Examinons ces diverses dispositions dans les paragraphes suivans.

§ I. *Du père.*

Le père peut se faire compter les contributions des biens de ses enfans mineurs, dont il a la jouissance. Il ne peut donc s'attribuer celles des biens de ses enfans *émancipés*, puisqu'il ne jouit pas de ces biens. (*C. civ.* art. 384. — Solution du 18 oct. 1820.)

Le grand-père paternel ou maternel, qui gère et administre, en qualité de tuteur, les biens de ses petits-enfans mineurs, ne peut comme le père, en réunir les contributions aux siennes. La loi n'accorde ce droit qu'au père : et le grand-père ne peut pas plus en profiter que tout autre tuteur qui ne serait pas leur ascendant. (Solution du 4 sept. 1820.)

Le père ne peut céder à son fils le droit électoral : car les droits politiques sont personnels et ne sont pas susceptibles d'être cédés ni aliénés. (*Ibid.*)

Le père ne peut, comme sous la législation antérieure à 1817, céder à son fils une partie de ses contributions : la loi n'attribue ce droit qu'aux veuves.

Le père et le fils vivant ensemble et jouissant en commun de leurs biens ne peuvent réunir leurs contributions sur une seule tête pour l'exercice du droit électoral : nul ne pouvant profiter des contributions payées par autrui, hors des limites tracées par la loi. (*Ibid.*)

§ II. *Du mari.*

Une veuve remariée est tutrice des biens de ses enfans mineurs : les contributions de ces biens ne peuvent être comptées au second mari. Car, suivant l'article 386 du Code civil, la mère remariée perd la jouissance des biens de ses enfans mineurs. Quand elle reste tutrice, elle n'a donc d'autres droits sur ces biens que ceux qu'aurait un tuteur : or un tuteur n'est pas un usufruitier, et ne profiterait pas des contributions de ses pupilles. Les contributions des biens des enfans du premier lit ne peuvent donc pas être comptées au mari, puisqu'aux termes de la loi, il ne profite que des contributions de sa femme. (*Ibid.*)

Les héritiers d'une femme mariée sous le régime de la communauté se sont réservé la faculté d'accepter la succession ou d'y renoncer. Le mari ne peut dans cet état de choses, se faire compter au-delà de la moitié de la contribution des biens qui étaient communs. Les héritiers qui se sont réservé la faculté de l'acceptation, ne diffèrent des héritiers purs et simples qu'en ce qu'ils déclarent ne vouloir recueillir que l'émolument de la succession. Mais leurs droits existent du moment où la succession est ouverte. De ce moment la communauté est dissoute, et le mari n'a plus le droit d'en compter à son profit toutes les contributions, comme il faisait pendant le mariage; (Solution du 3 novembre 1820.)

Un homme a épousé une veuve qui jouit de 6000 fr. de douaire, hypothéqués sur des biens fonds vendus et servis au moyen d'un capital de 120,000 fr. resté entre les mains de l'acquéreur desdits biens, et remboursable aux enfans du premier lit à la mort de la mère. Le mari ne peut compter pour lui les contributions qui seront payées par l'acquéreur pour ce capital de 120,000 fr. En effet, quoique les biens imposés soient grevés d'une rente, ils sont la propriété de l'acquéreur : c'est lui seul qui en paie les contributions, c'est à lui seul qu'elles peuvent compter : la veuve ne jouit que d'une rente qui ne paie pas de contributions à l'Etat, et qui conséquemment ne peut donner droit au second mari pour l'électorat ou l'éligibilité. (Solution du 18 avril 1817.)

— Un homme veuf, ayant plusieurs enfans, administre la succession encore indivise de sa défunte femme. Les enfans peuvent se faire compter, pour l'exercice du droit électoral, la part de contributions afférente à leurs droits successifs. En effet, chacun d'eux est copropriétaire par indivis dans la succession maternelle, à partir de l'ouverture de la succession. (Solution du 7 septembre 1820.)

Les contributions payées par une femme qui a été admise à la séparation de ses biens, peuvent servir à son mari pour être électeur ou éligible. Car, si malgré le jugement qui a prononcé la séparation, le mari continue d'avoir la jouissance de ses droits civils et politiques, il reste en effet le chef de la famille, et la séparation judiciaire met les deux époux dans la même position que si la non-communauté avait été stipulée dans le contrat de mariage. Or, suivant l'article que nous développons, on doit compter au mari les contributions de sa femme *même non-commune.*

Mais il n'en serait pas de même si la femme était séparée de corps ou divorcée : l'article prononce une exclusion formelle.

Lorsqu'il s'ouvre une succession à laquelle est appelé un individu dont l'existence n'est pas reconnue, l'héritier présent est en droit de demander que les contributions de la totalité des biens soient comptées, exclusivement en sa faveur, pour former son cens électoral, aux termes de l'art. 136 du Code civil. (Cour royale de Bordeaux, 16 juin 1830.)

§ III. — *Du locataire.*

Ainsi que nous l'avons dit (pag. 72), c'était une question fort controversée que celle de savoir si les impositions des portes et fenêtres seraient comptées au propriétaire ou au locataire. De quelque manière qu'on crût devoir la décider, il fallait que la loi prononçât afin d'éviter la divergence des décisions et des jurisprudences. La loi la tranche en faveur des locataires : c'est ainsi que deux ordonnances l'avaient préjugée en 1824 et 1827, et que l'avaient résolue la Cour de cassation, la Cour royale de Paris, d'Amiens, de Caen, de Metz, de Rennes et de Toulouse. (Voy. p. 72.)

§ IV. — *Des sociétés.*

Les trois espèces de sociétés que la loi reconnaît sont régies par des principes divers, suivant les droits et les obligations des membres qui les composent. (Art. 19 et suiv. C. de comm.) Cette diversité de principes a dû nécessairement influer sur la manière de diviser entre les associés, les contributions qui affectent les établissemens sociaux.

Voyons comment la loi et la jurisprudence ont déterminé cette division dans chaque espèce de société.

Société en nom collectif. — Des difficultés assez graves s'étaient présentées jusqu'ici pour le partage des contributions imposées sous la raison d'une société commerciale en nom collectif. Elles ont été simplifiées par le dernier paragraphe de l'article 6 ; et jusqu'à preuve du contraire, ces contributions sont partagées par égale portion entre tous les associés, sur la simple production d'un certificat du président du tribunal de commerce.

Ce partage a lieu pour toutes les contributions imposées au nom de la société; savoir, la contribution foncière, la contribution des portes et fenêtres, et celle des patentes.

Mais ce nouveau principe ne peut être applicable aux sociétés en commandite, à l'égard des commanditaires, ou aux sociétés anonymes. Les difficultés qui ont donné lieu à la proposition qui est devenue le dernier paragraphe de l'art. 6 n'avaient eu lieu que pour les sociétés en nom collectif. (Inst. minist. du 20 avril 1831.)

Au reste, le troisième paragraphe de l'art. 6 est loin d'avoir détruit toutes les difficultés ; il les laisse exister au contraire dans toute leur étendue, lorsque les sociétaires s'élèveront contre l'égalité du partage ; et comme alors on sera obligé de prononcer sur les droits qu'ils réclameront, on verra nécessairement reparaître les mêmes questions et la même incertitude de la jurisprudence.—Examinons quelques-unes de ces questions, en ne perdant pas de vue qu'elles ne peuvent se présenter qu'autant que l'un des sociétaires prétendrait à une part plus élevée.

Lorsque des sociétés en nom collectif, formées pour exploiter des établissemens commerciaux ou industriels, occupent ou possèdent des immeubles affectés à ces exploitations, qui sont imposés sous le nom de la société ; l'impôt foncier de ces immeubles profite au propriétaire ou usufruitier, quel qu'il soit ; si c'est la société qui est propriétaire ou usufruitière, chaque associé en profite d'après son droit de copropriété.

L'impôt des portes et fenêtres des bâtimens occupés en commun par une société, tels que magasin, ateliers, dépôts de vente, etc., doit sans difficulté être compté à tous les associés. Mais quand il s'agit des bâtimens habités ou par un associé ou par plusieurs d'entre eux, il faut distinguer si l'habitation a été concédée dans l'intérêt de la société, et alors l'impôt, étant social, doit être réparti entre les associés; ou bien si l'habitation est l'effet d'une location particulière à l'associé et en dehors des intérêts sociaux, et dans ce cas, il devra seul profiter de l'impôt assis sur les ouvertures de l'habitation qu'il occupe.

Au reste, ces distinctions ne trouvent leur application que lorsque l'associé réclame une plus grande part et justifie de son droit. A défaut de réclamation, cet impôt se partage en portions égales.

Il en est de même de la patente.

Les lois du 1er brumaire an VII, 21 mars 1817 et 15 mai 1818 portent que pour les sociétés en nom collectif, il est payé un seul droit fixe par *le principal associé*, un demi-droit fixe par chacun des autres associés, et un seul droit proportionnel par l'associé principal, et par *associé principal* on entend celui qui est inscrit pour un droit fixe intégral, quand les associés figurent tous au rôle des patentes : dans le cas contraire, le principal associé est celui qui figure seul au rôle, qui est le seul nommé, ou le premier nommé dans la raison sociale.

Si l'associé principal réclame une part plus grande dans le partage, comment se fera le calcul de la patente par rapport à lui et à ses coassociés ?

Trois systèmes ont été suivis : le premier compte à l'associé principal son droit fixe personnel et la totalité du droit proportionnel. (Toulouse, 24 nov. 1829)

D'après le second système, on compte le droit fixe intégral à l'associé principal, et le droit proportionnel est réparti entre tous les autres associés, d'après leur part d'intérêt dans l'association. (Ordonn. du roi des 22 oct. 1820, 25 févr. 1824 et 18 nov. 1827. — Colmar, 26 déc. 1829.) On se fonde sur le motif que le droit *proportionnel* excède la portion d'impôt commercial dont est tenu chacun des associés ; qu'ainsi il forme une *charge sociale ;* dont chaque associé doit profiter, en raison de la participation qu'il prend aux charges et aux bénéfices de la société.

Enfin le troisième système adopte le partage *par tête* du droit proportionnel entre tous les associés : attendu que le droit de chaque associé sur l'impôt industriel ne doit pas se régler d'après la quotité d'intérêt dans l'association, mais plutôt d'après l'exercice effectif de l'industrie ; puisque les garanties de gestion et de connaissance des affaires de commerce, que représente la patente sont moins attachées aux bénéfices de l'entreprise qu'à l'exercice de l'industrie.

Le premier système qui résulte des dispositions de l'art. 25 de la loi du 1er brumaire an VII, combiné avec l'art. 62 de celle du 15 mai 1818, est le seul conforme à l'esprit et à la lettre de la loi, et ne se compose point, comme les deux autres, d'interprétations toujours variables, quoique mieux appropriées peut-être à la nature des choses. La Cour d'Amiens en a fait l'application, le 11 juin 1830.

Voici comment l'arrêt est conçu :

« Attendu qu'en établissant que le réclamant a pour associé son frère, il n'est pas contesté que ces deux frères habitent la même maison ; et considérant que dans ce cas, l'un

8.

d'eux seulement doit-payer en entier le droit
fixe et le droit proportionnel auxquels donne
lieu la patente qui leur est nécessaire pour
faire leur commerce, et que l'autre n'est assujéti qu'à un demi-droit, ainsi que cela résulte des dispositions de l'art. 25 de la loi du
1er brumaire an VII, combiné avec l'art. 61
de celle du 15 mai 1818, etc. »

Par conséquent, si plusieurs associés soumis à un droit ou à un demi-droit fixe occupent des établissemens séparés, le droit proportionnel qui est à la charge de chaque
établissement doit compter à l'associé qui
occupe cet établissement.

L'associé qui réclamera une part plus élevée devra, pour justifier de son droit, produire l'acte ou un extrait de l'acte de société.
Mais cette production est facultative en ce
sens que la publicité des conditions de l'association, qui répugne ordinairement au
commerçant, n'est exigée que lorsqu'il croit
ne pas devoir se contenter de l'égalité du
partage.

Dans ce cas, doit-il nécessairement produire l'acte ou des extraits de l'acte de société?

Les frères Perrenod avaient produit 1.° des extraits de leurs livres; 2.° un certificat du président du tribunal de commerce, attestant qu'ils étaient associés par moitié pour profits et pertes; 3.° des contrats notariés attestant qu'ils avaient acquis en commun les immeubles de l'établissement.

La Cour royale de Colmar a admis ces preuves par un arrêt du 26 décembre 1829.

Société en commandite. — Le directeur gérant d'une société en commandite ne peut faire entrer dans la formation de son cens électoral, toutes les contributions qui grèvent l'immeuble acquis par lui pour le compte de la société. En effet, bien qu'en qualité de gérant, et d'après les art. 23 et suiv. du Code de commerce, il soit seul chargé de l'administration de l'immeuble, il n'en est pas pour cela propriétaire ni usufruitier, puisqu'au contraire il est responsable envers ses associés commanditaires, et leur doit compte de tous les revenus confiés à sa gestion. (Cour de cassation, 10 mars 1830.)

Le chef d'une société en commandite a le droit de réclamer la contribution mobilière imposée sur la totalité de l'immeuble social, parce que, d'après les lois des 18 février 1791 et 3 nivôse an VII, cette contribution est due par tout habitant, à raison de l'habitation ; qu'il n'en est dû qu'une seule, laquelle n'est payable et exigible qu'au lieu du domicile du contribuable : d'où il suit que le chef de la société habitant seul la maison sociale, doit seul la contribution mobilière, d'autant que les autres associés doivent la payer au lieu qu'ils habitent. (Metz, 10 février 1829.)

Le même arrêt a décidé qu'on ne devait compter au chef de la société commanditaire que la portion d'impôt des portes et fenêtres qui s'applique à l'appartement qu'il occupe : et que le surplus doit être divisé entre les autres associés, dans la proportion de leurs droits de propriété.

Ce même arrêt et un autre de la même Cour du 11 février, même année, ont reconnu que dans les sociétés en commandite, on doit compter la totalité de la patente au chef de l'établissement industriel, lors même qu'il n'est propriétaire que d'une partie de l'usine, que son nom n'est pas porté sur les rôles, et que la patente est au nom de la société, sur le motif que les droits fixe et pro-

portionnel dont se compose le droit de patente, doivent généralement être payés par
tout exerçant; que celui qui exerce un commerce ou une industrie, est seul obligé de
se munir d'une patente, et d'en payer les
droits fixe et proportionnel, lors même qu'il
aurait des associés, si-d'ailleurs ceux - ci
n'exercent pas; que la patente est personnelle et ne peut servir qu'à celui qui l'ob-
tient, sauf le cas où des associés se réuni-
raient dans le même local, pour exercer en
commun; auquel cas il ne serait dû pour
eux tous qu'un seul droit proportionnel,
payable par l'un d'eux; que le sieur Cou-
turier, directeur, exerçant seul l'industrie,
doit seul aussi, et pour son compte personnel, en acquitter le droit proportionnel, dont,
aux termes de la loi, il ne doit être fait aucun
répartement entre lui et ses associés, puisque ceux-ci n'exercent pas.

Société anonyme. — On a demandé qui
pourrait profiter de la contribution foncière
des immeubles possédés par une société anonyme?

L'administration a répondu que, d'après
l'art. 529 du Code civil, les actions ou inté-

rêts dans des compagnies de finances, de commerce ou d'industrie, étant réputés *meubles*, quoique des immeubles *dépendent de ces entreprises*, *ou appartiennent aux compagnies*, chaque actionnaire ne possède qu'une propriété *mobilière* que ne peut frapper un impôt foncier, et ne peut par conséquent s'attribuer une part de la contribution foncière des immeubles appartenant à la compagnie. (Solutions des 15 septembre 1820, 3 novembre 1828 et 10 juillet 1829.)

L'impôt des portes et fenêtres, dans cette espèce de société, appartient au gérant pour le local qu'il habite ; mais le surplus ne peut être compté aux actionnaires qui ne possèdent que des effets négociables et meubles de leur nature.

Quant à la patente, le droit proportionnel ne peut être attribué, ni aux actionnaires qui, n'exerçant pas d'industrie, sont exempts du paiement de la patente (Loi du 1er brumaire an VII, art. 25), ni aux administrateurs salariés par la société, qui ne sont que des commis également exempts de la patente, selon l'art. 29 de la même loi. (Solutions des 3 novembre 1828 et 10 juillet 1829.)

7. Les contributions foncière, personnelle et mobilière et des portes et fenêtres, ne sont comptées que lorsque la propriété foncière aura été possédée ou la location faite antérieurement aux premières opérations de la révision annuelle des listes électorales. Cette disposition n'est point applicable au possesseur à titre successif ou par avancement d'hoirie. La patente ne comptera que lorsqu'elle aura été prise et l'industrie exercée un an avant la clôture de la liste électorale.

Les lois antérieures exigeaient de l'électeur et de l'éligible la possession annale : pour l'électeur, à partir de la clôture de la liste ; pour l'éligible, au moment de la nomination. La loi nouvelle maintient cette disposition pour les électeurs patentés, et la modifie pour les autres, auxquels il suffira de posséder la propriété, ou de jouir de la location antérieurement aux premières opérations de la liste, c'est-à-dire au 1er juin, ce qui réduit la possession annale à quatre mois et vingt jours, sauf pour la patente, laquelle devra être possédée un an avant la clôture des listes, c'est-à-dire, un an avant le 20 octobre, de sorte que si l'élection n'a lieu que dix mois après cette clôture, le député négociant aura à justifier en définitive deux années de possession de sa patente.

Le possesseur à titre successif ou par avancement d'hoirie, étant censé continuer la possession, de son auteur, est dispensé de la possession que nous appellerons *légale*. — Mais avant d'exposer les questions qui se rattachent à ces deux possessions, nous devons observer que dans les décisions de l'administration ou des tribunaux que nous allons citer, ce qui est dit de la possession annale des propriétés et des locations doit s'entendre de la possession légale exigée par la présente loi.

§ I. *De la possession légale.*

Un électeur qui depuis les premières opérations des listes a échangé la propriété qui lui conférait le cens électoral contre un autre immeuble, peut se prévaloir des impôts assis sur cet immeuble. La Cour royale de Paris, par un arrêt du 4 mai 1829 et la Cour de cassation, par un arrêt du 12 juillet 1830, ont décidé le contraire pour la possession annale, se fondant sur ce que les contributions ne peuvent compter pour le cens électoral que lorsque la propriété foncière aura été possédée une année avant l'époque de la convocation des colléges ; que la loi ne fait pas d'exception pour les cas d'acquisition par échange et qu'il n'appartient pas aux juges de suppléer à la loi. Ces motifs, rigoureux sous l'ancienne loi, ne nous paraissent pas applicables aujourd'hui que la législation ne doit plus être empreinte de cet esprit de défiance envers les citoyens, qui faisait facilement présumer la fraude et la mauvaise foi.

On doit décider également et par les mêmes motifs que, lorsque deux électeurs ont échangé des immeubles dont ils étaient propriétaires, chacun d'eux peut, à l'égard du bien qu'il reçoit de son échangiste, profiter de la possession légale dont jouissait celui-ci par rapport à cet immeuble. Comme la précédente, cette question a été résolue négativement dans une ordonnance du 27 janv. 1828.

Celui qui, possédant la nue-propriété d'un bien, ne jouit de l'usufruit que depuis les premières opérations des listes, ne doit être dispensé de la possession légale que si cet usufruit lui est advenu à titre successif. Une ordonnance du 6 avril 1821 a été rendue dans ce sens.

La condition de la possession légale, exigée de l'électeur ou l'éligible, doit l'être aussi pour les biens, l'habitation ou l'industrie de sa femme, et pour les biens de ses enfans mineurs dont les contributions lui sont comptées; sans cela la garantie exigée par cet article serait éludée au moyen d'acquisitions, locations ou industries simulées.

Un électeur séparé de biens d'avec sa femme, lui a vendu sa propriété depuis les premières opérations des listes. Les contributions de ces biens ne peuvent plus lui être comptées comme propriétaire : mais il a le droit de s'en prévaloir comme mari, puisqu'il s'agit des mêmes contributions profitant au même individu. (Solution du 28 septembre 1828.)

Comme c'est du jour de la ratification des cohéritiers, majeurs ou mineurs, pour lesquels on s'est porté fort, et non du jour de la vente que doit courir la possession légale, au profit de l'acquéreur, il faut que cette ratification ait eu lieu avant le premier juin. Décidé dans ce sens par la Cour royale de Paris, le 21 novembre 1829.

Deux espèces de possesseurs sont dispensés de la possession légale : ce sont les possesseurs *à titre successif*, et les possesseurs par *avancement d'hoirie*.

La possession à titre successif depend de la nature des biens et de celle du droit en vertu duquel on possède. La nature de ces biens doit être telle qu'ils puissent faire partie de la succession du donateur; et le droit de possession doit être de telle nature qu'il résulte nécessairement de la qualité d'héritier. Ainsi on peut considérer comme possesseur à titre successif, l'héritier légal, l'héritier testamentaire, le légataire après décès. Dans ces circonstances il ne peut y avoir soupçon de fraude ou de dissimulation, la propriété étant transmise irrévocablement.

Quant aux donations entre-vifs faites par un ascendant à un descendant, qualifiées d'a-vancement *d'hoirie*, elles ont été l'objet de la plus grande divergence d'opinions entre l'Ad-

ministration, les Cours royales et la Cour
de cassation. Le législateur a déterminé cette
jurisprudence incertaine, en déclarant formellement que les possesseurs par avancement d'hoirie sont dispensés de la possession légale ; ces donations étant un don
anticipé fait à un héritier présomptif du donateur, de la part ou sur la part qui doit lui
revenir dans la succession de celui-ci.

Un père a cédé à son fils la propriété
d'un bien dont il s'est réservé l'usufruit. Il
renonce ensuite à cet usufruit en faveur de
son fils. La possession légale de l'usufruit
ne doit pas être exigée pour que le fils soit
admis à jouir du droit électoral, puisque le
père ne fait que compléter entre les mains
de son fils une possession que celui-ci avait
déjà partiellement.—Le simple donataire de
l'usufruit serait également dispensé de la
possession légale.

La donation entre-vifs faite par une belle-
mère à son gendre doit-elle être considérée
comme transmettant la propriété à titre successif?

Le gendre n'a pas, par lui-même, de droit
sur la succession de sa belle-mère. Il ne peut

donc être considéré comme son héritier, et la donation qu'il reçoit d'elle ne lui transmet pas la propriété à titre successif. — Mais s'il est marié sous le régime de la communauté, et si la donation est faite à la communauté, la donation étant un avancement d'hoirie, en ce qui concerne la femme, peut dans son ensemble être mise au rang des transmissions faites à titre successif. (Solution du 4 septembre 1820.)

Celui qui possède des immeubles qui lui sont échus par le partage d'une succession, est dispensé de la possession légale. Ainsi jugé par un arrêt de la Cour de cassation du 12 juillet 1830, dont voici les considérans :

« Attendu que les principes du droit commun doivent avoir leur application dans l'appréciation des droits civils des électeurs, toutes les fois que les lois spéciales relatives aux listes électorales ne contiennent pas à cet égard de dérogation ;

« Attendu que les lois spéciales n'ont aucunement dérogé à la fixation du droit consacré par l'art. 883 du Code civil, duquel résulte que tout partage ou licitation entre cohéritiers, est déclaratif et non attributif de propriété, et que chaque cohéritier est censé succéder seul et immédiatement aux objets à lui échus ; qu'en faisant l'application de ce principe, et en reconnaissant le titre d'un cohéritier copartageant, en la totalité de l'immeuble placé dans son lot, l'arrêt attaqué a fait une juste application dudit art. 883 et n'a aucunement violé la loi sur les élections, etc. » (Même décision de la Cour royale d'Orléans, de juin 1830.)

La dispense de la possession légale doit s'étendre également à celui qui est devenu propriétaire d'immeubles par le partage d'une société. (Code civil, 883 et 1872.)

Une ordonnance du 25 février 1824 décide qu'un cohéritier qui avait obtenu par une licitation tous les immeubles de la succession, devait avoir la possession annale, à l'égard de tout ce qui excédait la portion héréditaire, sur le motif que la part héréditaire, proprement dite, est la seule valeur dont l'adjudicataire profite réellement dans la succession, et la seule, par conséquent, qu'il recueille à titre successif et gratuit. Mais dans plusieurs circonstances, la Chambre des députés, en vérifiant les pouvoirs de ses membres, à adopté la

doctrine qui dispense de la possession légale
les biens provenant d'une licitation, quand
la possession indivise a plus d'un an de
date, ou provient d'une succession.

Cette décision a été consacrée par les Cours
royales d'Amiens, de Rouen, de Nancy,
d'Orléans, de Paris et de Bordeaux, les 11
et 13 décembre et 14 novembre 1828, 14
janv. 1829, 17 et 18 juin 1830. Les motifs de
l'arrêt de la Cour de Paris sont ainsi conçus :

« Considérant que l'acquisition des quatre
cinquièmes de l'immeuble dont le réclamant
était héritier, pour le dernier cinquième, fait
remonter son droit de propriété à l'ouverture de la succession, etc. »

Lorsque l'indivision existe encore et que
l'un des cohéritiers a acquis les parts de
quelques-uns de ses cohéritiers, ces parts
ainsi acquises ne sont pas dispensées de la
possession légale. La Cour royale de Paris
l'a ainsi jugé par un arrêt du 20 novembre
1829, attendu que ces acquisitions ne sauraient être considérées comme un partage et
produire les effets établis par l'art. 883 du
Code civil.

Un père veuf a cédé à ses fils la jouissance

de la moitié des biens de la communauté qui existait entre lui et sa défunte femme, moitié dont la propriété leur est acquise du chef de leur mère. Cette jouissance par moitié doit avoir lieu jusqu'au partage des biens : il n'y a pas encore d'acte d'acceptation de la part des fils. Doit-on considérer ce transfert de l'usufruit comme une donation du père, qui ne serait valable que si elle était acceptée, ou comme une cession aux enfans de l'usufruit d'une chose qui leur est propre ?

L'acte dont il s'agit ne peut être considéré comme une donation ; c'est un arrangement préliminaire en attendant le partage. Tant que la succession n'est pas définitivement réglée, il y a présomption que la moitié de la communauté appartient aux enfans ; et c'est d'après cette présomption que le père leur cède la jouissance de la moitié des biens. Ils ne reçoivent pas du père en qualité de donataires. La cession qui leur est faite n'est qu'une conséquence de la succession, et, sous ce point de vue, ils doivent être considérés comme recevant à titre successif. Il n'est donc pas nécessaire que la cession remonte à plus d'une année pour que les contributions afférentes à l'usufruit leur soient comptées ; mais il faut qu'ils aient accepté la cession. (Solution du 23 novembre 1820.)

Le mari, quand son mariage n'a été célébré qu'après les premières opérations des listes, doit profiter des contributions que la femme payait pour des biens possédés par elle avant le premier juin, ou pour industrie exercée par elle depuis plus d'un an, ou pour les propriétés qu'elle a reçues à titre successif, ou même pour celles qu'elle a reçues en dot de ses parens. En effet, dès que le mariage est célébré, le mari exerce sur les biens de sa femme les droits qui lui sont attribués, par le Code. Par suite du même principe, il doit, dès ce moment même, commencer à profiter des contributions de sa femme, pour l'exercice du droit électoral. On ne peut assimiler un engagement irrévocable et aussi sacré que le mariage à un acte fait comme une spéculation et dans l'intention d'éluder la loi. (Solution du 29 août 1820.)

§ II. *Possession annale de la patente.*

La possession annale a été conservée pour

la patente et pour le droit de diplôme des chefs d'institution et des maîtres de pension; on a de plus exigé que l'industrie à laquelle la patente est attachée fût exercée un an avant la clôture des listes électorales. On sait combien il serait facile d'abuser de la patente prise au moment de l'élection, pour une industrie non exercée : c'est donc moins dans un sentiment de défiance que pour ne laisser aucune prise à la fraude et à la mauvaise foi, que ces sages précautions ont été conservées dans la nouvelle loi.

L'augmentation de patente, lorsqu'elle ne résulte que de l'extension d'une même industrie, n'est pas soumise à la condition de possession annale. Ainsi jugé par la Cour royale de Bourges le 14 juin 1830; l'arrêt est ainsi conçu :

« Considérant que l'augmentation de la patente n'a eu pour objet que l'extension d'une même industrie, qu'il ne s'agit pas d'un nouvel établissement, ni d'un nouveau local ; que le supplément de la patente n'est qu'une augmentation de contribution, fondée sur une même base, etc. » Même décision de la Cour royale de Nîmes, juin 1830.

Il en est de même lorsqu'une patente subit une augmentation en raison de la valeur locative d'ateliers, pour lesquels le commerçant paie déjà un droit proportionnel.

Au contraire, si l'augmentation a pour cause une nouvelle industrie exercée dans d'autres ateliers, la possession annale est nécessaire. (Cour royale de Bourges, 14 juin 1830.)

Nous pensons que la possession annale ne serait pas nécessaire si la patente avait été élevée à une *classe supérieure,* et que les motifs de l'arrêt de Bourges que nous venons de citer s'appliqueraient parfaitement à ce dernier cas. Cependant la question a été résolue dans un sens contraire par trois ordonnances en date des 21, 27 septembre 1827, et 5 mai 1828, sur le motif que la patente payée en 1827, par le réclamant, était autre que celle de 1826.

Le négociant qui a suspendu quelque temps son industrie, pour la reprendre plus tard, peut-il se prévaloir de sa patente ?

Le sieur Dupont, commissionnaire de roulage, demandait la radiation du sieur Allard, entrepreneur de voitures, qui, pourvu d'une patente pour toute l'année 1829, avait suspendu quelque temps son industrie pour la reprendre en 1830.

La Cour royale de Paris, considérant que la suspension momentanée d'une industrie n'est pas une interruption dans le sens de la loi, a débouté le tiers de sa demande. (Arrêt du 21 juin 1830.)

Toutefois nous pensons qu'une pareille doctrine ne doit être admise, que d'après une juste appréciation de la position sociale de l'individu et des causes qui ont pu amener la suspension de son industrie.

Un associé, après une dissolution de société qui date de moins d'un an, a-t-il acquis la possession annale pour la supputation de la patente tout entière?

L'affirmative a été décidée par un arrêt de la Cour royale de Paris, du 10 juin 1830, et la négative par la Cour d'Orléans, le 11 juin de la même année.

Cette diversité de jurisprudence ne doit point étonner sur une question qui est toute de bonne foi, et dont la solution dépend plutôt des circonstances que de principes fixes et invariables.

A partir de quelle époque doit être comptée l'année exigée pour l'industrie qui confère le droit électoral ?

A partir de la délivrance de la patente, pourvu qu'il y ait eu exercice réel de commerce ou d'industrie.

La possession annale requise pour l'exercice des droits électoraux n'est pas légalement justifiée par un simple acte de notoriété ; elle ne peut l'être que par un certificat du maire ou de son adjoint. C'est ce qu'a décidé la Cour royale de Bordeaux, le 16 juin 1830, à l'égard du sieur Godinet, qui, dans l'absence du percepteur de la commune de Lévignac, n'ayant pu lever les extraits de rôle prescrits par la loi, avait fait constater l'absence du percepteur par un acte de notoriété ; et dans ce même acte il faisait attester qu'il avait la possession annale.

Au reste, lorsque les extraits de rôle dont nous venons de parler sont signés par le percepteur, vérifiés et attestés par le maire, et que la signature de ce fonctionnaire est légalisée par le sous-préfet, ils présentent une assez grande authenticité pour qu'on doive y ajouter foi sans la légalisation du préfet, à moins qu'il ne soit fait usage de ces extraits dans un département autre que celui dans lequel ils ont été délivrés. (Bordeaux, 15 juin 1830.)

8. Les contributions directes payées par une veuve ou par une femme séparée de corps ou divorcée, seront comptées à celui de ses fils, petits-fils, gendres ou petits-gendres qu'elle désignera.

Cette disposition est fondée sur un principe de justice : les femmes condamnées à une nullité politique doivent au moins être représentées par leurs enfans ou leurs gendres toutes les fois que le mari ne jouit pas de leurs contributions : c'est-à-dire quand elles sont veuves, ou séparées de corps, ou divorcées. Celles-ci étaient privées de la faculté de déléguer, sous la dernière législation électorale : la jurisprudence les avait également repoussées, en déclarant pourtant qu'elles semblaient être dans une position analogue à celle de la veuve.

Mais le mari divorcé ne peut jamais profiter des contributions des biens de son ancienne épouse, même quand elle est revenue demeurer avec lui, à moins qu'il n'y ait un nouveau mariage contracté entre eux. (Solution du 26 mars 1829.)

La femme non mariée qui est devenue *mère adoptive* peut-elle exercer le droit de délégation envers son *fils adoptif*, ou un autre descendant dans cette ligne?

L'affirmative a été décidée par un arrêt de la Cour royale de Nancy, du 9 septembre 1829, sur le motif que le droit civil a assimilé l'enfant adopté à l'enfant né en mariage, et quant au nom et quant au droit de successibilité; sur les principes généraux qui ont déterminé le législateur à admettre le droit de délégation de la part des veuves, ainsi que sur laparité de situation qui existe entre la veuve et la mère adoptive non mariée.

La veuve privée de quelques droits civils peut déléguer, parce qu'il ne s'agit pas de l'exercice d'un droit personnel, mais d'une simple désignation sur une propriété : la veuve ne peut donc être privée de la faculté dont il s'agit que quand elle ne peut contracter.

Ainsi la femme interdite ne peut déléguer ses contributions ; et dans ce cas le droit de la veuve, étant personnel, ne peut être exercé ni par le tuteur ni par le conseil de famille. (Solution du 29 août 1820.)

Même incapacité de la part de la veuve qui est en état de faillite ; car elle ne possède plus ses biens, qui sont devenus la propriété des créanciers.

La femme dont le mari a encouru la mort civile et dont le mariage est dissous, aux termes de l'art. 227 du Code civil, peut exercer la délégation : elle est dans une position analogue à la femme divorcée.

Sous la législation précédente, la délégation ne s'appliquait qu'aux contributions *foncières* de la veuve, aujourd'hui elle embrasse l'ensemble des contributions directes.

La veuve peut déléguer les contributions des biens dont elle a l'usufruit, quand même ses enfans n'en auraient pas la nue-propriété. Cela résulte des règles que nous avons déjà établies, par rapport aux biens en usufruit. Mais une veuve remariée en secondes noces ne peut, même avec le consentement de son second mari, déléguer à un fils du premier lit les contributions d'un bien dont elle est usufruitière et dont ce fils a la nue-propriété. Ces contributions sont comptées au second mari, et une femme mariée ne peut léguer ses contributions à ses enfans. (Solution du 29 novembre 1820.)

Si la veuve délègue à son fils du premier lit la moitié des impôts que payait son dernier mari, le délégataire n'est pas tenu de fournir à l'administration la preuve que sa mère était mariée sous le régime de la communauté (*C. cv.*, 1393 et 1402), la qualité de commune étant de droit commun et s'établissant par la seule disposition de la loi. (Cour royale de Bourges, 6 nov. 1829.)

Peut-elle comprendre dans les contributions dont elle dispose en faveur de son fils, petit-fils ou gendre, celles des biens d'autres de ses enfans qui sont mineurs, et dont elle jouit comme tutrice?

Suivant une solution administrative de 1820, cette faculté lui serait interdite, parce que c'est comme *tutrice* et non comme *usufruitière* qu'elle paie les contributions des biens de ses enfans mineurs. Ces contributions ne sont attribuées au père, pour l'exercice du droit électoral, qu'en vertu d'une disposition formelle (art. 6): et il n'existe pas

de pareilles dispositions en faveur de la
mère. Les contributions dont il s'agit ne
peuvent donc être considérées comme
payées par elle. Cependant la Cour royale
d'Agen a adopté l'opinion contraire, par un
arrêt du 15 janvier 1829, dont voici un des
considérans :

« Attendu que, si la Cour avait à s'occuper de la question relative aux contributions
payées par la mère pour ses enfans mineurs,
elle devrait reconnaître, et reconnaîtrait en
effet, que les contributions qu'elle paie pour
ceux de ses enfans qui sont au-dessous de
l'âge de dix-huit ans, sont une charge de
l'usufruit que la loi lui attribue, indépen-
dante de sa qualité de tutrice. »

Une veuve a des fils de plusieurs lits, et
elle est usufruitière de leurs biens, par *usufruit conditionnel*; peut-elle déléguer à un fils
de chaque lit les contributions des biens dont
il est nu-propriétaire? Ces fils peuvent-ils se
les faire compter en cette qualité de nus-
propriétaires?

Sur la première question : la loi porte que
la veuve peut déléguer à *celui* de ses fils,

petits-fils, gendres ou petits-gendres qu'elle désignera; elle ne peut donc faire qu'une seule délégation.

Sur la seconde question : Les fils de différens lits ne peuvent être admis à se faire compter les contributions des biens dont ils ont la nue-propriété, attendu qu'en général les propriétaires non usufruitiers ne profitent pas des contributions qu'ils ne paient point. (Solution du 9 septembre 1820.)

Suivant les dispositions de l'art. 5 de la loi du 29 juin 1829, la veuve pouvait déléguer ses contributions d'abord à son fils, puis, *à défaut* de fils, à son petit-fils, etc., la loi nouvelle lui laisse la faculté de choisir un de ses descendans, sans égard au degré ou à la distinction de parenté ou d'alliance. Ainsi disparaissent un grand nombre de difficultés que les premières dispositions avaient fait naître.

Le droit accordé à la veuve de déléguer à son gendre ses contributions directes, existe indistinctement à l'égard du gendre qui, étant devenu veuf et conservant un enfant de son premier mariage, en aurait contracté un nouveau, car la loi ne fait aucune distinction ni exception, et le lien d'affinité entre ce gendre et la première belle-mère a continué d'exister. (Code civil, art. 206. Cour royale de Paris, 21 octobre 1829.)

Par une conséquence des principes sur lesquels est fondé cet arrêt, la même Cour a jugé, le 10 juin 1830, que la délégation ne pouvait avoir lieu à l'égard du gendre devenu veuf sans enfans, attendu que le lien de famille qui existait entre lui et sa belle-mère a été rompu par la mort de sa femme sans enfans.

Cette jurisprudence, fondée sur les vrais principes du droit, doit être préférée à une solution ministérielle de 1820, qui déclarait que lorsque le gendre devient veuf, même sans enfans, il ne doit point perdre le bénéfice de la désignation; mais qu'il la perd, s'il se remarie.

Il n'est pas nécessaire que la veuve paie 200 francs de contributions pour user de la faculté que lui donne la loi. Quelle que soit la quotité des contributions qu'elle paie, elle peut en faire profiter un de ses fils, petit-fils, etc. On peut en dire autant de ces derniers, ainsi que du mari ou du père qui veut profiter des contributions de sa femme ou de ses enfans mineurs. (Solution du 4 septembre 1820.) Le droit d'élire leur serait acquis soit par la délégation de la loi, soit par celle de la veuve, quand même ils ne paieraient pas d'impôt personnellement.

Le même individu peut profiter des désignations faites à la fois en sa faveur par deux ou plusieurs veuves ses ascendantes (sa mère, sa belle-mère, ses aïeules paternelle et maternelle). La loi ne défend pas de cumuler ces contributions; elle n'impose de restriction qu'à l'égard de la faculté de désigner, laquelle ne peut s'exercer qu'en faveur d'un seul des fils, petits-fils, etc. Mais elle n'en impose aucune à la faculté de recevoir une semblable désignation. (Solution du 29 août 1820.)

La délégation est un acte purement facultatif et tout-à-fait dépendant de la volonté de la veuve : ainsi, un de ses fils, petits-fils, etc., ne peut s'attribuer ses contributions qu'autant qu'elle les a expressément déléguées.

Une instruction ministérielle du 17 juillet 1820 portait que la délégation devait être faite par un acte notarié. La jurisprudence des Cours royales a reconnu assez généralement, en 1830, qu'elle peut avoir lieu par acte sous seing-privé, pourvu que la signature de la veuve soit légalisée. (Metz, 23 novembre 1829; Paris, juin 1830; Cour de cassation, 28 juin, même année; instruction ministérielle du 20 avril 1831.)

Si la délégation ou la révocation de la délégation étaient faites par acte notarié, cet acte ne doit être soumis qu'à l'enregistrement du droit fixe de 1 franc, d'après une décision de la régie du 10 juillet 1824 et l'instruction générale du 18 décembre, même année.

La délégation faite par la veuve n'est pas irrévocable. Elle cesse dans deux cas : 1° par sa volonté; 2° quand la veuve se remarie, ou qu'elle ne paie plus d'impôts. La loi ne donne à la veuve qu'une faculté dont elle peut user ou ne pas user; si des motifs qui l'eussent déterminée à ne point en user ou à en faire profiter un autre descendant viennent à se présenter après la désignation, elle pourra l'annuler. La révocabilité de la désignation est, sous certains rapports, une mesure morale, propre à renforcer la puissance maternelle. Du reste la révocation se fait dans la même forme que la délégation. (Solution du 29 août 1820.)

Cette délégation n'a pas besoin d'être renouvelée à chaque élection. Elle subsiste tant qu'elle n'est pas révoquée formellement ou qu'elle n'a pas cessé de droit, ainsi que nous venons de le dire. Seulement l'électeur devra justifier à chaque élection, que les propriétés sur lesquelles portent les contributions dont il profite sont toujours possédées par la veuve, ou, s'il y a eu mutation de propriété, qu'elles sont possédées depuis le temps requis par la loi, attendu que la transmission dont il s'agit n'exempte, dans aucun cas, de la durée de la possession. (*Ibid.*)

Un pétitionnaire avait demandé à la Chambre des pairs, de consacrer cette décision ministérielle par une disposition législative et d'ajouter qu'il n'est pas nécessaire que la délégation ait une année de date. Mais on a répondu que l'année de date, n'étant pas prescrite par la loi, ne pourra être exigée, et qu'il n'y avait pas besoin de disposition nouvelle à cet égard.

9. Tout fermier à prix d'argent ou de

denrées qui, par bail authentique d'une durée de neuf ans au moins, exploite par lui-même une ou plusieurs propriétés rurales, a droit de se prévaloir du tiers des contributions payées par lesdites propriétés, sans que ce tiers soit retranché au cens électoral du propriétaire.

Dans les départemens où le domaine congéable est usité, il sera procédé de la manière suivante, pour la répartition de l'impôt entre le propriétaire foncier et le colon.

1° Dans les *tenues* composées uniquement de maisons ou usines, les 6 huitièmes de l'impôt seront comptés au colon, et 2 huitièmes au propriétaire foncier;

2° Dans les *tenues* composées d'édifices et de terres labourables ou prairies, et formant ainsi un corps d'exploitation rurale, 5 huitièmes compteront au propriétaire, et 3 huitièmes au colon;

3° Enfin, dans les *tenues* sans édifices, dites *tenues* sans étage, 6 huitièmes seront comptés au propriétaire, et 2 huitièmes seulement au colon, sauf, dans tous les cas, la faculté aux parties intéressées de demander une expertise aux frais de celle qui la requerra.

On a reproché à ce droit nouveau accordé aux fermiers d'offrir une grande facilité à la fraude. Vainement exige-t-on un bail de neuf années, l'électeur ou l'élu, lorsque son droit aura été reconnu ou exercé, pourra résilier son bail s'il a été sérieux, et l'abandonner s'il n'a été que fictif. L'article exige, il est vrai, que le fermier exploite par lui-même ; mais qu'entend-on par cette expression ? ce n'est pas sans doute que le fermier exploite par ses mains ? Lui sera-t-il interdit de l'affermer ? nous le pensons. S'il lui est permis d'exploiter par des métayers ou colons partiaires, la disposition de la loi serait illusoire pour cette partie si étendue du royaume où ce dernier mode de culture est le seul usité, et peut-être pendant long-temps le seul possible, du moins dans beaucoup de localités.

Ce sera à la vigilance de l'administration et des tiers relativement aux électeurs, à la sévérité de la Chambre des députés pour les éligibles, à empêcher le succès de la fraude, sur laquelle il suffira sans doute d'ailleurs d'avoir appelé l'attention publique pour qu'elle soit rendue, si ce n'est impossible, du moins plus difficile. (Chambre des pairs, 28 mars.)

Puisqu'il faut que la location soit constatée par un bail authentique d'une durée de neuf ans au moins, et que le fermier exploite *par lui-même*, il doit produire une expédition en forme du bail, et un certificat du maire pour attester que le fermier exploite par lui-même et ne sous-afferme pas le domaine. (Instruc, min. du 20 avril 1831.)

Le même article établit de nouvelles dispositions pour le genre de propriétés connu sous le nom de *domaine congéable*. On appelle ainsi particulièrement dans les départemens des Côtes-du-Nord, du Morbihan et de la Loire-Inférieure, les domaines donnés à des colons, à charge par ceux-ci de les cultiver; le propriétaire conserve le droit de les reprendre, à charge par lui de rembourser au colon toutes les constructions et autres objets qui garnissent le sol. (Lois du 6 août 1791, et 9 brumaire an VI.) Cette nature de bail a beaucoup de rapport avec le bail emphitéotique; il y a cette différence que le propriétaire dans celui-ci, n'est pas tenu de restituer au colon les améliorations qui ont été faites par lui.

On a demandé si, indépendamment de la portion d'impôt dont le domainier jouit comme copropriétaire, il n'y aurait pas lieu de lui compter, comme *fermier*, le tiers des contributions de la portion attribuée au propriétaire. La loi ne contient aucune disposition à cet égard, et l'on ne peut ajouter à ses dispositions textuelles.

On a demandé si la nouvelle répartition de l'impôt des domaines congéables enlevait aux électeurs déjà inscrits les droits dont ils jouissaient en vertu de la législation antérieure, et, par exemple, si un électeur déjà inscrit pour *trois cent un francs* en 1830, et à qui on ne devrait plus compter que *cent quatre-vingt dix-huit francs*, devrait être rayé.

La réponse à cette question se trouve dans les articles 32 et 75, qui défendent de réviser ces dernières listes ; aussi les électeurs qui jouissent des droits acquis en conservent la possession jusqu'à la prochaine révision annuelle, sans préjudice des droits accordés pour les mêmes contributions, par la nouvelle loi, à d'autres citoyens qui en tirent la capacité électorale. (Inst. minist., 20 avril 1830.)

TITRE II.

DU DOMICILE POLITIQUE.

10. Le domicile politique de tout Français est dans l'arrondissement électoral où il a son domicile réel ; néanmoins il pourra le transférer dans tout autre arrondissement électoral où il paie une contribution directe, à la charge d'en faire, six mois d'avance, une déclaration expresse au greffe du tribunal civil de l'arrondissement électoral où il aura son domicile politique actuel, et au greffe du tribunal civil de l'arrondissement électoral où il voudra le transférer : cette double déclaration sera soumise à l'enregistrement. Dans le cas où un électeur aura séparé son domicile politique de son domicile réel, la translation de son domicile réel n'emportera pas le changement de son domicile politique, et ne le dispensera pas des déclarations ci-dessus prescrites s'il veut le réunir à son domicile réel.

Le domicile politique de tout Français est au lieu où il a capacité pour exercer ses droits politiques (décret du 26 janvier, art.

2 et 3); et son domicile *réel*, suivant l'art. 104 du Code civil, au lieu où il a son principal établissement.

La loi se sert du mot *réel* au lieu du mot *civil*, qui est employé dans le Code, mais en y attachant le même sens. (Circulaire min., 24 déc. 1823.)

Elle pose en principe général que le domicile politique est attaché au domicile réel: la translation de ce dernier entraîne nécessairement le changement du domicile politique. Cette conséquence a été sanctionnée par la jurisprudence des Cours royales. Agen, 16 janvier 1829; Rennes, 30 octobre, même année; Bourges, 13 novembre, même année; Pau, 11 janvier, et Paris, 11 juin 1830. Voici comment est conçu l'arrêt de la Cour royale de Bourges :

« Considérant que le sieur Rabier est originaire du département de l'Indre, dans lequel il est né; qu'à la vérité, il avait formé un établissement à Paris, et paraissait y avoir fixé son domicile, mais qu'il a vendu cet établissement, et acheté dans le département de l'Indre des propriétés sur lesquelles il s'est fixé; que même, dans un acte public

11.

du 24 janvier 1828, antérieur de plus d'un an à sa demande d'admission sur la liste du jury, il a pris la qualité de *demeurant dans le département de l'Indre*; que ces circonstances sont suffisantes, d'après l'art. 105 du Code civil, pour constater le domicile civil que suit naturellement le domicile politique, lorsque rien ne manifeste de la part d'un citoyen l'intention d'exercer les droits attachés au domicile politique, hors du domicile réel; que ce n'est que dans ce dernier cas que l'art. 3 de la loi du 5 février 1817 (art. 10 de la loi nouvelle), exige une déclaration expresse. »

Dans ce cas la translation du domicile politique s'opère d'après les règles du droit civil, sans aucune des conditions exigées par la loi électorale; pourvu que les deux domiciles n'aient pas été précédemment séparés.

Si en transférant le domicile réel, on veut conserver le domicile politique dans l'arrondissement où ils se trouvaient réunis, on est obligé de remplir les conditions que l'art. 10 impose à la translation du domicile politique : car à défaut de l'accomplissement de ces conditions, le domicile politique suivrait le domicile réel.

Si en conservant le domicile réel, on veut changer le domicile politique, il faut, d'après l'art. 10, payer une contribution directe dans l'arrondissement où on veut le transférer, et faire six mois d'avance une déclaration expresse au greffe du tribunal civil de l'arrondissement électoral où se trouve le domicile politique actuel, et au greffe du tribunal civil de l'arrondissement électoral où on veut le tranférer : il n'y a qu'une déclaration à faire, si les deux arrondissemens électoraux font partie du même ressort judiciaire.

Si un électeur a séparé son domicile politique de son domicile réel, la translation de son domicile réel n'emporte pas le changement de son domicile politique.

Enfin, si les domiciles ayant été séparés, on veut réunir le domicile politique au domicile réel, on est tenu de faire les déclarations que la loi prescrit.

Nous avons à examiner, 1° les principes qui régissent le changement du domicile réel, puisque dans certains cas il entraîne le domicile politique ; 2° les questions qui se rattachent à la translation du domicile politique.

§ Iᵉʳ. — *Translation du domicile réel.*

Le premier domicile de tout Français, celui qu'on appelle le domicile d'*origine*, c'est celui de son père et de sa mère au moment de sa naissance ou plutôt au moment où il a cessé d'être sous leur puissance.

Ce domicile se conserve tant qu'on n'a pas manifesté l'intention expresse ou tacite de le changer.

Le changement du domicile réel s'opère par le fait d'une habitation réelle dans un autre lieu, joint à l'intention d'y fixer son principal établissement. (Code civil, article 103.) La preuve de cette intention résulte d'une déclaration expresse, faite tant à la municipalité du lieu qu'on quitte, qu'à celle du lieu où on a transféré son domicile. (*Ibid.*, art. 104.) Mais cette déclaration n'est pas de rigueur, et la preuve de l'intention peut dépendre des *circonstances*. (*Ibid.*, art. 105.)

Il n'est pas toujours facile de reconnaître d'une manière certaine le lieu où une personne a fixé le siége principal de son établissement. Les signes qui peuvent donner cette certitude sont souvent équivoques, surtout quand la personne réside alternativement dans deux endroits différens. Quelques lois romaines ont indiqué certaines *circonstances* comme signes caractéristiques du domicile, parce qu'elles l'étaient du principal établissement.

- Ainsi le lieu où l'on passait les contrats, où l'on célébrait les fêtes, où l'on exerçait les droits de citoyen, où l'on supportait les charges publiques; le lieu qu'on ne pouvait quitter sans être censé en voyage, était regardé comme le lieu du domicile. (L. 7 C. *de incolis.*) Nous ajouterions aujourd'hui le lieu où l'on fait le service de la garde nationale.

Les *circonstances* d'où peut résulter la preuve de l'intention de changer de domicile ne sont pas indiquées par la loi civile, qui en abandonne l'appréciation à la sagesse des tribunaux.

Lorsqu'à la déclaration expresse exigée par l'art. 104 du Code civil, se joint le fait d'habitation réelle dans le nouveau lieu, il y a translation de domicile, quelque court que soit le temps écoulé depuis que la personne y réside, ne serait-ce qu'un jour. Ainsi, un

individu peut transporter sa capacité électorale dans un autre arrondissement, pour
ainsi dire, du jour au lendemain. La loi environne de conditions plus positives et plus
rigoureuses la translation du domicile politique quand il est séparé du domicile réel.
Et les motifs de cette différence sont si simples et si évidens, que nous croyons inutile
de les rappeler.

§ II. — *Translation du domicile politique.*

Comme les droits civils et les droits politiques diffèrent essentiellement entre eux par
leur objet, les capacités auxquelles est attachée la jouissance des uns et des autres n'é-
tant pas de même nature, il est naturel qu'on
puisse en séparer l'exercice et le transporter
dans des lieux différens. C'est une faculté qui
appartient à tout Français; il n'est pas même
nécessaire de jouir des droits électoraux,
pour séparer son domicile politique de son
domicile réel; car les droits d'élection ne
forment qu'une partie, fondamentale, il est
vrai, des droits politiques. (Instruction ministérielle, du 20 avril 1831.)

La translation du domicile politique est

soumise à deux conditions: 1° au paiement d'une contribution directe dans l'arrondissement électoral où on veut le transporter; 2° à une double déclaration expresse, faite six mois d'avance au greffe du tribunal civil de l'arrondissement électoral où était d'abord le domicile politique, et au greffe du tribunal civil de l'arrondissement électoral où on veut le transférer : ou à une seule déclaration, si les deux arrondissemens électoraux appartiennent au même ressort judiciaire.

L'électeur qui a son domicile politique dans un autre département que celui de son domicile réel est encore tenu, mais non rigoureusement, de choisir un *domicile spécial pour les notifications*. (Art. 21.)

Ces garanties, par lesquelles la loi politique prémunit la société contre les surprises de la mauvaise foi, tiennent essentiellement à l'ordre public et ne peuvent être couvertes par la possession d'état. D'après ce principe, la Cour royale d'Agen a décidé, par arrêt du 16 janvier 1829, que le sieur Dufau qui, en 1827, avait voté dans le département du Lot, ne pouvait être maintenu sur la liste

électorale de ce département parce qu'il avait
son domicile réel dans l'Aveyron, et qu'il
n'avait pas fait la double déclaration exigée
par la loi, pour transférer dans le Lot son
domicile politique.

Paiement d'une contribution directe. —
Pour que la translation puisse s'opérer, il faut
que l'électeur soit inscrit au rôle de la localité où il veut établir son domicile, et que le
paiement de l'impôt précède la déclaration
au greffe; l'engagement qu'il prendrait d'y
acquérir ultérieurement des propriétés serait
sans effet. Cependant les propriétaires de
maisons exemptes d'impôts peuvent transférer leur domicile dans le lieu où ces maisons
sont situées, puisque, d'après l'art. 4, 2° §,
l'impôt présumé de ces immeubles leur est
compté pour le cens électoral.

Un individu qui ne paie aucune contribution dans un département ou dans un arrondissement électoral, mais dont la mère,
aïeule ou belle-mère lui a délégué des contributions foncières qu'elle paie dans cette
localité, peut-il y transférer son domicile
politique ?

En 1823, l'administration a résolu la

question négativement, en se fondant sur le texte de la loi (Loi du 5 février 1817, art. 3. — Loi du 19 avril, art. 10), qui semble exiger que l'individu paie lui-même l'impôt, et sur ce que la faculté donnée à la veuve ne s'applique qu'au *cens électoral* et non au *domicile*. L'esprit de la loi nous paraît tout-à-fait opposé à cette solution ; il serait en effet peu rationnel que la délégation puisse conférer le droit électoral et qu'elle ne suffise pas pour établir le domicile politique.

L'électeur qui a transféré son domicile politique dans un autre arrondissement, peut-il être exempté de la possession annale de la patente prise dans cet arrondissement, lorsqu'il possède ailleurs d'autres propriétés qui lui donnent sans contestation le cens électoral ?

Voici dans quelle espèce analogue la Cour royale de Paris s'est prononcée pour l'affirmative, le 10 juin 1830: M. Coopery, avoué à Paris, où il payait au-delà du cens prescrit pour être électeur, avait transféré son domicile à Châteaudun, en remplissant les formalités exigées. Il possédait à Châteaudun une maison que lui avait donnée son père en avancément d'hoirie, mais il n'avait pas encore obtenu la possession annale. Sur ce motif, le préfet d'Eure-et-Loir avait refusé son inscription.

« La Cour, considérant que la double déclaration de translation de domicile politique faite par Coopery remonte à plus de six mois, et qu'à cette époque Coopery payait des contributions directes dans le département d'Eure-et-Loir;

« Considérant que la possession annale n'est exigée par l'art. 4 de la loi du 5 février 1817, (art. 7 de la loi du 19 avril 1831), que pour la fixation du cens électoral, et non pour la validité de la translation du domicile politique, etc.»

Nous ajouterons que l'art. 10 se borne à exiger de l'électeur le paiement *d'une contribution directe* sans rattacher d'autre condition à cette contribution.

Si après avoir établi son domicile politique dans un arrondissement, l'électeur, ayant vendu ses biens, vient à ne plus payer l'impôt dans cet arrondissement, et que bientôt après, il rachète des propriétés dans ce même arrondissement, on admet généralement que cet intervalle ne peut être considéré comme une suspension du domicile politique dont il jouissait, et qu'il ne saurait être soumis à de nouvelles formalités.

On avait demandé à la Chambre des pairs qu'il fût décidé, que le domicile politique se réunît de droit au domicile réel, lorsqu'on cesse de payer des contributions dans le domicile politique.

Comme il est de principe que l'électeur doit toujours pouvoir exercer ses droits quelque part, et que la séparation des deux domiciles n'est qu'une fiction de la loi, cette fiction cesse du jour où le domicile politique perd son utilité par le non-paiement du cens, et l'électeur doit exercer ses droits à son domicile réel. Au reste, c'est ainsi que l'administration elle-même l'a compris dans une circulaire du 24 décembre 1823; et un avis du Comité de l'intérieur, du 10 juillet 1819, reconnaît que l'électeur peut, dans ce cas, voter au domicile réel sans avoir fait de déclaration.

On avait encore demandé à la Chambre des pairs s'il n'est pas nécessaire de payer des contributions au domicile réel pour y exercer ses droits, en d'autres termes, si l'on peut avoir domicile politique dans un lieu où l'on a son domicile réel, mais où l'on ne paie aucune contribution.

Il a été répondu que la loi n'ayant exigé ce paiement qu'à l'égard du domicile politique séparé du domicile réel, on ne peut l'exiger pour ce dernier. C'est ce qui a déjà été établi par un arrêt de la Cour royale de Rennes, du 30 octobre 1829, et dont voici les motifs :

« Considérant que Basset-Villeon a son domicile réel dans le département d'Ille-et-Vilaine ;

« Considérant qu'à moins d'intention contraire, légalement manifestée, le domicile politique suit toujours le domicile réel ;

« Considérant que l'obligation de payer une contribution au lieu du domicile politique n'est prescrite que pour le cas où ce domicile est séparé du domicile réel, etc. »

L'administration a adopté ces principes, (Inst. minist. du 20 avril 1831.)

Double déclaration. — Jusqu'à présent la constatation du changement du domicile politique avait été un acte purement administratif, elle prend aujourd'hui un caractère semi-judiciaire qui lui donne une garantie plus rassurante ; la fraude est d'ailleurs impossible, puisque l'acte passé au greffe étant enregistré, on n'aura pas à craindre d'antidate.

Cette double déclaration est nécessaire, 1° pour séparer le domicile politique du domicile réel ; 2° pour réunir le domicile politique au domicile réel, s'ils ont été séparés ; car, quoique l'on rentre dans le droit commun, il y a translation de domicile ; 3° lorsqu'en transférant le domicile réel, on veut conserver le domicile politique au lieu où ils étaient réunis. Et ici la déclaration est d'autant plus nécessaire, qu'à défaut de cette formalité le domicile politique suivrait le domicile réel. Il est vrai qu'en 1820, l'administration a paru reconnaître que, dans ce cas, la déclaration faite devant le maire au moment de la translation du domicile réel devait suffire pour conserver le domicile politique. Un arrêt de la Cour royale de Grenoble a décidé dans le même sens ; mais cette doctrine, qui ne se fonde sur aucun texte de loi, est tout-à-fait arbitraire : si une simple déclaration pouvait suffire aujourd'hui, c'est au greffe du tribunal de l'arrondissement où l'on veut conserver le domicile politique, qu'elle devrait être faite.

Si un électeur avait séparé son domicile réel de son domicile politique, et qu'il voulût transférer ce dernier dans un troisième arrondissement, il n'aurait que deux déclarations à faire, l'une au domicile réel, et l'autre au greffe du tribunal du nouvel arrondissement où il voudrait transporter son domicile politique.

L'électeur qui veut transférer son domicile politique dans un autre arrondissement est-il obligé d'aller faire sa déclaration en personne? peut-il l'envoyer dans un écrit signé de lui, ou se faire représenter par un fondé de pouvoirs qui signera pour lui?

Il serait trop rigoureux d'exiger de l'électeur qui veut changer le lieu de son domicile politique un déplacement qui pourrait souvent être long et dispendieux. D'un autre côté, la faculté de transférer à volonté l'exercice de ses droits politiques présente assez d'avantages pour que l'électeur qui veut en jouir, se soumette à remplir une formalité peu gênante et dont l'objet est de bien con-

stater son intention. Deux circulaires des 18
février et 18 avril 1817, et une ordonnance
du 15 février 1824, faisant une application
rigoureuse de ces motifs, statuaient que ces
déclarations devaient être faites en personne
ou par un fondé de pouvoir. Cependant, les
Cours royales de Paris et de Grenoble ont
reconnu que l'intention de transférer le domicile politique, manifestée par des lettres
adressées aux deux préfets, suffisait pour
opérer cette translation. (Arrêts des 2 décembre 1828, 29 décembre 1829 et juin
1830.) Cette jurisprudence ne pourrait prévaloir aujourd'hui que les déclarations ne
sont plus un acte administratif et qu'elles
ront soumises à l'enregistrement : il faut
donc que l'électeur se présente en personne
pour faire cette déclaration, ou qu'il en
charge un fondé de pouvoir, au moyen d'une
procuration qui pourra être sous seing-privé,
mais duement légalisée.

Celui qui, après avoir formé une demande
en translation de domicile, n'en a point pro-
fité, et a voté à son premier domicile, peut-
il ultérieurement s'appuyer sur sa première
demande pour obtenir sa mutation d'arrondissement ?

Voici dans quelle circonstance cette question s'est présentée : En 1821 le sieur Pillaut Débitte, domicilié dans le 2ᵉ arrondissement de Paris, déclara transporter son domicile politique dans le 8ᵉ. Néanmoins, en 1827 et en 1828, il vota dans le 2ᵉ arrondissement. En 1830 il demanda, en vertu de la déclaration qu'il avait faite en 1821, à être inscrit sur la liste du 8ᵉ arrondissement : sa demande, rejetée par le préfet, fut accueillie par la Cour royale de Paris. Le préfet ayant appelé de cette décision, la Cour de cassation admit la requête par arrêt du 5 juillet 1830.

L'arrêt de la Cour royale de Paris nous paraît conformé aux vrais principes; car tout ce qui touche à la capacité électorale étant d'ordre public, ne peut être couvert par la possession d'état, et le fait d'avoir voté en 1827 et 1828 dans le 2ᵉ arrondissement, n'a pu faire perdre au sieur Pillaut le domicile qu'il avait acquis dans le 8ᵉ.

Dès que le nouveau domicile est acquis, soit par le changement du domicile réel, soit par la translation du domicile politique opérée par la double déclaration faite six mois d'avance, le droit électoral peut s'exercer sans délai dans le nouveau domicile.

Ces déclarations doivent être faites six mois d'avance, et ce n'est qu'au bout de ce terme qu'on est en possession du nouveau domicile.

Une solution ministérielle du 4 septembre 1820 et une ordonnance du 15 février 1824 ont reconnu que le délai de six mois ne court qu'à partir de la dernière déclaration ; car jusque là il n'existe pas une manifestation complète de l'intention de transférer le domicile.

Si les six mois ne sont pas expirés à l'époque de la clôture de la liste annuelle, l'électeur doit être inscrit sur la liste de l'arrondissement où il avait son domicile avant cette translation.

Cette doctrine a été consacrée par le Conseil d'état, le 14 octobre 1827.

M. de la Bouillerie avait son domicile réel dans le département de la Seine : il transfera son domicile politique dans le département de la Sarthe, par deux déclarations dont la dernière eut lieu le 20 juin 1827 : ainsi la jouissance des droits politiques ne lui était acquise dans la Sarthe que le 20 décembre suivant. Il demanda d'être inscrit sur la première partie de la liste du jury de la Seine, arrêtée le 3o septembre 1829. Le préfet repoussa sa demande, et sur le pourvoi en Conseil d'état fut rendue l'ordonnance suivante :

« Considérant que c'est le 2o juin dernier seulement, que le préfet de la Sarthe a reçu la déclaration faite antérieurement par le sieur de la Bouillerie devant le préfet de la Seine, et que ce n'est que six mois après sa dernière déclaration qu'il pourra réclamer l'exercice de son droit électoral dans le département de la Sarthe ;

« Que jusqu'à ce moment, il conserve son domicile politique dans le département où il a son domicile réel ;

« Considérant que la première partie de la liste du jury, dressée par les préfets, doit comprendre toutes les personnes qui, au 3o septembre dernier, remplissaient les conditions requises pour faire partie des colléges électoraux de leur département, sauf les rectifications à y apporter par la suite, conformément à l'art. 6 de la loi du 2 juillet 1828; (Art. 18 de la présente loi.)

« Considérant que, dans tous les cas, le sieur de la Bouillerie devait faire partie de la liste générale du jury, du département de la Seine, comme électeur ayant son domicile réel dans ce département, etc. ».

Un individu dont les domiciles sont séparés transfère son domicile politique dans un autre arrondissement, les six mois ne sont pas écoulés lors de la clôture des listes, conserve-t-il son premier domicile politique ?

Le sieur Charron qui n'avait pas cessé de demeurer à Paris, avait élu son domicile politique à Versailles ; depuis, il l'avait transféré dans le département de Seine-et-Marne. N'ayant pas acquis dans ce département un domicile de six mois, il a voulu se faire inscrire dans le département de Seine-et-Oise, mais le préfet l'a repoussé. La Cour royale de Paris, par arrêt du 18 juin 1830, a sanctionné la décision du préfet, par le motif que le sieur Charron, qui demeurait à Paris, ne justifiait pas d'un domicile réel à Versailles.

Nous croyons au contraire que le sieur Charron conservait son domicile politique à Versailles, jusqu'à l'expiration des six mois nécessaires à la translation dans le département de Seine-et-Marne ; car jusqu'à ce moment il n'y avait pas preuve complète de la volonté de l'électeur.

La Cour royale de Paris, par arrêt du 14 juin 1830, a reconnu que le délai de six mois doit être observé pour le lieu de la nouvelle résidence, comme pour celui de l'ancienne.

Nous avons vu, art. 3, que les officiers *électeurs-adjoints* étaient soumis à un domicile de trois ans, pour l'exercice du droit électoral : ce domicile, comme celui des membres de l'Institut, n'est autre que le domicile réel, et c'est d'après les règles du droit civil qu'on doit le reconnaître.

Quant au domicile des militaires, il faut remarquer que le séjour dans une garnison et le temps passé sous les drapeaux ne faisant pas acquérir le domicile, la plupart d'entre eux ne cessent pas de conserver celui de leur naissance, où celui qu'ils avaient quand ils ont commencé à servir ; aussi ceux qui retournent dans leur pays doivent, dans bien des cas, être considérés comme n'ayant jamais cessé d'y être domiciliés. (Inst. min. du 20 avril 1831.)

La circonscription électorale tracée par l'ancienne législation ayant subi des changemens notables, nous verrons à l'art. 76, comment, pour compléter les listes de 1830, on a facilité certains changemens de domicile politique.

11. Nul individu appelé à des fonctions publiques temporaires ou révocables n'est dispensé de la susdite formalité ; les individus appelés à des fonctions inamovibles pourront exercer leur droit électoral dans l'arrondissement où ils remplissent leurs fonctions.

Les règles du domicile politique appliquées aux agens de l'autorité varient suivant la nature des fonctions qu'ils sont appelés à remplir et le degré d'indépendance qui y est attaché. De là cette distinction entre les fonctions révocables et les fonctions à vie qui fait l'objet de cet article. Suivons cette division, en nous livrant à l'examen des questions qui se rattachent à ces deux classes de fonctionnaires.

1° *Fonctionnaires révocables.* — Pour eux il y a exception au principe général, suivant lequel le domicile politique suit toujours le domicile réel, sans qu'il soit besoin d'une déclaration faite six mois d'avance. Mais lorsqu'un fonctionnaire amovible n'a pas encore exercé les droits électoraux, la détermination du lieu où il doit être inscrit présente des questions difficiles à résoudre. D'abord il est évident que l'art. 11 ne peut s'appliquer au fonctionnaire amovible qui exerce ses fonctions dans le lieu où il avait domicile réel avant sa nomination auxdites fonctions. Dans le cas contraire, ce fonctionnaire peut avoir acquis domicile réel au lieu où s'exercent ses fonctions; ou bien il conserve celui qu'il avait précédemment, et souvent il n'en a d'autre que son *domicile d'origine*, celui qu'il avait au moment où il est entré dans les fonctions publiques; mais s'il avait régulièrement acquis domicile réel *avant la promulgation de la loi*, l'art. 11 ne pourrait pas lui être applicable: en effet, il ne s'agit pas ici d'un changement de domicile; et si on refusait d'inscrire ce fonctionnaire au domicile réel dont la loi le trouve en possession, il serait quelquefois à peu près impossible de reconnaître où il doit exercer ses droits : il faudrait chercher quel était son domicile avant qu'il ne fût fonctionnaire. (Inst. min. du 20 avril 1831.)

Un fonctionnaire révocable, ayant été inscrit sur la liste de l'arrondissement, en vertu de son domicile réel, a été appelé dans un autre arrondissement et n'a conservé aucune habitation et ne paie aucune contribution dans la première localité, toutefois il n'a pas fait la double déclaration exigée par la loi, pour acquérir l'exercice des droits politiques dans sa nouvelle résidence, doit-il conserver son premier domicile?

M. Balzac, inscrit comme électeur depuis 1824 dans le département de la Moselle, où il avait son domicile réel, se fixa à Paris en 1828, comme secrétaire général du ministre de l'intérieur : depuis le 1ᵉʳ janvier 1829, il ne payait plus d'impôt dans la Moselle. Cependant il avait été maintenu sur la liste électorale de ce département. Un tiers attaqua cette inscription, parce que M. Balzac n'avait plus son domicile politique dans la Moselle, et qu'il n'y payait pas d'imposition. Voici l'arrêt de la Cour royale de Metz qui intervint le 1ᵉʳ déc. 1829 :

« Considérant que le baron de Balzac n'ayant été appelé à Paris, en 1828, que pour y remplir une fonction publique révocable, il est clair qu'il a conservé le domicile civil et politique qu'il avait alors à Metz depuis quatre ans. Sa position à cet égard est restée la même ; pour qu'il en fût autrement, il faudrait qu'il eût manifesté une intention contraire, et il ne l'a point fait. C'est donc avec justice et conformément, tant à l'art. 106 du Code civil qu'à l'art. 3 de la loi du 5 février 1817 (art. 10 de la présente loi), que la réclamation élevée contre lui a été rejetée. »

Les Cours royales de Paris et d'Agen ont jugé la question dans le même sens, les 14 et 19 juin 1830.

Quel que soit le temps qu'un fonctionnaire amovible ait résidé dans un arrondissement où il exerce ses fonctions, il ne peut se faire porter sur la liste électorale de cet arrondissement, s'il n'a pas fait la déclaration qu'il entendait fixer son domicile dans ce lieu. Car le domicile politique ne peut s'acquérir par la possession d'état la plus longue, surtout par une classe de citoyens qui se trouvent placés dans une situation toute spéciale.

C'est ce que la Cour de cassation a décidé, le 17 juillet 1830, à l'égard du sieur Petit, receveur particulier à Meaux, qui prétendait avoir son domicile politique dans cette ville parce qu'il y résidait depuis cinq ans et qu'il y avait son principal établissement.

2° *Fonctionnaires inamovibles*. Quoique l'article 107 du Code civil, attache la translation immédiate du domicile réel à l'acceptation de fonctions à vie, la loi électorale leur laisse la libre faculté d'exercer les droits électoraux dans le lieu où ils remplissent leurs fonctions, sans aucune formalité préliminaire, ou dans tout autre arrondissement, mais en se soumettant dans ce dernier cas aux formalités voulues par la loi.

D'après ces principes, la Cour royale de Paris a jugé, le 14 juin 1830, qu'à défaut de déclarations contraires, le domicile politique d'un fonctionnaire inamovible reste attaché à son domicile réel, c'est-à-dire dans l'arrondissement où il exerce ses fonctions.

Il aurait fallu ajouter à la dernière disposition de l'art. 11, *sans qu'il remplisse les formalités*. L'observation en a été faite à la Chambre des pairs, et l'on a pensé que sans en faire un amendement, il suffisait que cette explication fût consignée au procès-verbal.

Les dispositions de l'art. 107 du Code civil ne s'appliquent pas aux fonctions d'un

13.

pair de France ; ainsi jugé par la Cour royale de Grenoble, les 29 décembre 1829 et juin 1830; le 1er arrêt a été rendu sur la réclamation d'un tiers qui prétendait que le vicomte du Bouchage, pair de France, avait son domicile réel à Paris et devait être rayé des listes électorales de l'Isère. Voici un des considérans de cet arrêt :

« Considérant que la qualité de pair de France n'est pas de nature à obliger celui qui la possède de fixer son domicile à Paris et d'y exercer ses droits politiques ; cette dignité ne peut changer le domicile ; car il s'ensuivrait qu'un premier président de Cour royale, un évêque, à qui elle aurait été conférée, n'auraient plus leur domicile au lieu où ils exercent leurs fonctions, ce qui serait contraire à la lettre et à l'esprit de nos lois civiles ; que cette dignité n'entraîne que des fonctions momentanées et purement législatives, ce qui laisse les pairs de France, lors de l'époque de la réunion des Chambres, dans le droit commun, et leur permet de se choisir un domicile ou une résidence autre que celui où se réunissent les Chambres. »

Un notaire ne peut prendre son domicile

réel hors de la ville où il exerce ses fonctions : c'est ce qui résulte d'un arrêt de la Cour royale de Paris du 10 juillet 1830, ainsi conçu :

« Vu les art. 1, 2, 3 de la loi organique du notariat, du 25 ventôse an **XI**, l'art. 107 du Code civil et l'art. 3 de la loi du 5 février 1817 (10 de la présente loi) ;

« Considérant que les notaires sont des fonctionnaires publics institués à vie, et qu'ils ont nécessairement leur domicile dans le lieu où ils exercent leurs fonctions et où ils sont tenus de résider, sous peine d'être considérés comme démissionnaires, etc. »

12. Nul ne peut exercer le droit d'électeur dans deux arrondissemens électoraux.

TITRE III.

DES LISTES ÉLECTORALES.

13. La liste des électeurs dont le droit dérive de leurs contributions, et la liste des électeurs appelés en vertu de l'art. 3, sont permanentes, sauf les radiations et

inscriptions qui peuvent avoir lieu lors de la révision annuelle.

Cette révision annuelle sera faite conformément aux dispositions suivantes.

La loi déclare les listes permanentes. Cette permanence s'entend-elle seulement de l'inscription du nom des individus et non des titres, et faut-il, comme a paru le croire la Cour royale d'Orléans, arrêt de 1828, que chaque année l'inscrit justifie de ses contributions?

La loi n'ayant pas restreint la permanence, on ne peut point par interprétation faire ce que la loi n'a pas fait. La Chambre des pairs a pensé que l'inscrit n'avait aucune justification à faire. C'est à la commission cantonnale d'abord, au préfet ensuite à le rayer, s'ils croient qu'il a perdu les qualités requises, et lui n'aura à produire de pièces que s'il réclame contre sa radiation, soit devant le préfet lui-même avant le 30 septembre, soit devant la Cour royale postérieurement.

14. Du 1er au 10 juin de chaque année, et aux jours qui seront indiqués par les sous-préfets, les maires des communes composant chaque canton se réuniront à

la mairie du chef-lieu, sous la présidence du maire, et procéderont à la révision de la portion des listes mentionnées à l'article précédent qui comprendra les électeurs de leur canton appelés à faire partie de ces listes. Ils se feront assister des percepteurs du canton.

15. Dans les villes qui forment à elles seules un canton, ou qui sont partagées en plusieurs cantons, la révision des listes sera faite par le maire et les trois plus anciens membres du conseil municipal, selon l'ordre du tableau. Les maires des communes qui dépendraient de l'un de ces cantons prendront part également à cette révision sous la présidence du maire de la ville.

A Paris, les maires des douze arrondissemens, assistés des percepteurs, procéderont à la révision sous la présidence du doyen de réception.

Vers le 1er mai, le préfet publie un avis pour inviter 1° les électeurs inscrits qui n'auraient plus la capacité légale, à le faire connaître avant le 1er juin, au maire de la commune où ils ont leur domicile politique; 2° les individus omis précédemment, ou qui auraient nouvellement acquis cette capacité, à le déclarer avant la même époque à ce fonctionnaire, en lui remettant les pièces à l'appui de leurs droits. (Instruction ministérielle du 14 avril 1829.)

Voici une indication complète des pièces à produire :

1° *L'acte de naissance ou toute autre pièce authentique constatant la date de la naissance, le contrat de mariage, par exemple.* (Voyez p. 28.)

Les militaires électeurs adjoints (art. 3) doivent y joindre *l'arrêté de fixation de la pension de retraite, et un certificat du maire constatant l'époque du domicile.*

Les membres et correspondans de l'Institut (art. 3) *l'arrêté de nomination et le certificat du maire constatant l'époque du domicile.*

2° Pour la contribution foncière. *Extrait de rôle délivré par le percepteur et certifié par le maire, qui constatera la date de l'acquisition.*

3° Pour la contribution personnelle et mobilière. *Extrait de rôle délivré par le percepteur et certifié par le maire qui constatera l'époque du domicile.*

4° Pour la contribution des portes et fenêtres. *Extrait de rôle délivré par le contrô-leur des contributions directes.*

5° Pour la contribution de la patente. *Extrait de rôle délivré par le percepteur et certifié par le maire, qui constatera que la patente a été prise un an avant la clôture des listes* (art. 7).

Les propriétaires de maisons exemptes d'impôts (art. 9). *Extrait de rôle délivré par le directeur des contributions, d'après l'expertise faite par le contrôleur des contributions directes.*

Les locataires ou fermiers. *Extrait de rôle délivré par le contrôleur.*

Les médecins attachés à un hôpital ou à un établissement de charité et exerçant gratuitement leurs fonctions (art. 4). *Certificat du directeur des contributions constatant quelle serait la quotité de la patente. L'arrêté de nomination à une place gratuite.*

Les sociétés commerciales (art. 6). *Extrait de rôles des diverses contributions, et certificat du président du tribunal de commerce énonçant le nom des associés.*

Les chefs d'institution ou maîtres de pensions (art. 5). *Quittance délivrée par le comp-*

table chargé de la perception du droit annuel de diplôme.

· Le père jouissant des biens de ses enfans mineurs, et le mari des biens de sa femme (art. 6). *Extraits de rôle des diverses contributions certifiés par le maire, qui constatera la position du réclamant à l'égard de ses enfans ou de sa femme.*

Pour les contributions déléguées par la veuve (art. 8). *Extraits de rôle des diverses contributions certifiés par le maire. Délégation notariée, ou sous seing-privé, mais avec légalisation de la signature.*

Pour les fermiers qui exploitent par eux-mêmes (art. 9). *Extraits de rôle certifiés par le maire, qui constatera l'exploitation personnelle du réclamant et l'existence du bail.*

Toutes les pièces délivrées hors du département où est le domicile de l'électeur doivent être légalisées par les préfets ou sous-préfets des départemens ou arrondissemens d'où elles émanent.

Si les domiciles sont séparés (art. 10). *Copie ou extrait duement certifié de la déclaration faite au greffe du tribunal civil de l'arrondissement où le réclamant aura son domicile actuel. Copie ou extrait duement certifié de la déclaration faite au greffe du tribunal civil où le réclamant voudra transférer son domicile.*

Une seule déclaration est suffisante lorsque l'option aura lieu entre deux communes du ressort du même tribunal civil (comme dans le département de la Seine).

Les citoyens peuvent jusqu'au 1er juin remettre leurs titres au maire de leur commune. Après cette époque, ils peuvent les envoyer au sous-préfet jusque vers la fin du mois de juin : plus tard, ils les adressent directement au préfet.

Le préfet adresse au maire qui doit présider la réunion cantonnale des états comprenant : 1° les électeurs du canton ; 2° les électeurs qui appartiennent à un autre canton ou à un autre département par leur domicile politique, et qui paient des contributions dans le canton ; 3° les extraits de rôles pour les contributions payées dans le canton, et qui ont servi l'année précédente à justifier du cens des électeurs.

Chaque maire apporte les extraits de rôles des impositions payées dans la commune par les électeurs anciens et nouveaux. Ces extraits délivrés par le percepteur et visés par

14

le maire contiennent le certificat de possession exigé par la loi et donné par ce dernier.

Les maires et les percepteurs s'assurent si
les électeurs n'ont pas perdu leurs droits : ils
indiquent les changemens personnels surve-
nus dans leur situation et qui peuvent influer
sur leur capacité ainsi que les personnes qui,
à leur connaissance, ont acquis depuis l'année précédente la qualité d'électeur. (Instr.
minist. de 12 juillet 1828.)

16. Le résultat de cette opération sera
transmis au sous-préfet qui, avant le 1er
juillet, l'adressera avec ses observations
au préfet du département.

Celui-ci envoie aux autres préfets les extraits de rôles concernant les électeurs de
leurs départemens qui paient des contributions dans le sien.

17. A partir du 1er juillet, le préfet procédera à la révision générale des listes.

18. Le préfet ajoutera aux listes les citoyens qu'il reconnaîtra avoir acquis les
qualités requises par la loi, et ceux qui
auraient été précédemment omis.

Il en retranchera :

1° Les individus décédés;

2° Ceux dont l'inscription aura été déclarée nulle par les autorités compétentes.

Il indiquera, comme devant être retranchés :

1° Ceux qui auront perdu les qualités requises ;

2° Ceux qu'il reconnaîtrait avoir été indûment inscrits, quoique leur inscription n'ait point été attaquée.

Il tiendra un registre de toutes ces décisions.

Il fera mention de leurs motifs et de toutes les pièces à l'appui.

C'est du 1er juillet au 15 août que le préfet s'occupe de la révision de la liste électorale.

Il apprécie le cens électoral de chacun des anciens électeurs, sur les extraits de rôles et les certificats de possession délivrés par les maires et les percepteurs, ou par d'autres moyens plus simples qui puissent concilier le principe de la permanence des listes et du maintien des électeurs, dont les droits ont été une fois reconnus, avec l'obligation de rayer ceux qui ont perdu leurs droits, et de publier d'une manière détaillée les élémens du cens électoral de chacun.

Mais quel que soit le moyen adopté, il ne doit que dans des cas rares demander aux électeurs déjà inscrits de nouvelles pièces justificatives. En principe général, c'est à l'administration à se les procurer. Elle ne doit s'adresser aux électeurs que pour obtenir les pièces qui ne peuvent être à sa disposition, et seulement quand elle a des raisons de penser que leurs droits dans la propriété ou l'industrie, dont les contributions leur ont été précédemment attribuées, ont dû subir des modifications. (Instr. min. du 25 août 1828.)

Ainsi, lorsqu'à la suite d'une mutation non encore opérée, le véritable propriétaire n'est pas porté sur le rôle, c'est à lui à justifier de sa propriété; car quoique non inscrit sur le rôle, il a droit de faire partie de la liste. C'est une conséquence naturelle du droit de propriété que la jurisprudence a consacré. Voici à ce sujet le considérant d'un arrêt de la Cour royale de Bourges, du 13 novembre 1829 :

« Attendu qu'il n'était pas possible de douter que l'immeuble dont s'agit ne fît partie du bien vendu au demandeur par le sieur du Boisdouin, et que dès lors on n'a pu lui refuser l'allocation de la contribution qu'il paie pour cet objet imposé sous le nom de son vendeur. »

Par suite du même principe, celui qui est inscrit au rôle et qui ne possède plus la propriété, ou n'exerce plus l'industrie, ou n'occupe plus la location, ne doit pas être porté sur la liste électorale.

Jusqu'à preuve contraire, l'inscription au rôle est le signe authentique du paiement effectif de l'impôt. Par conséquent, un électeur omis sur le rôle de la contribution ne pourrait se prévaloir de la cote contributive qu'il prétendrait devoir payer ; ni sous prétexte d'erreurs dans la fixation de l'impôt, s'attribuer une cote plus forte que celle qui est au rôle. C'est ce que l'administration a décidé plusieurs fois : la Chambre des députés en a jugé de même, dans la séance du 17 avril 1824, à l'égard de M. Marchangy qui demandait qu'on lui comptât la nouvelle évaluation d'un immeuble, se fondant sur ce que ce n'était pas par son fait que cette évaluation n'avait pas été comprise sur le rôle.

Le préfet doit inscrire *ceux qui auraient été précédemment omis ;* que cette omission provienne de la négligence de l'électeur ou du fait de l'administration. En effet, tout acte an-

14.

térieur à la révision annuelle ne peut être un obstacle à ce que les droits politiques d'un citoyen soient de nouveau vérifiés; s'il en était autrement, les droits politiques, toujours imprescriptibles, pourraient être à jamais perdus par une mauvaise défense, ou par la négligence d'un individu. (Cour royale d'Agen, 14 novembre 1828.)

Les autorités *compétentes* dont parle l'article sont les Cours royales et la Cour de cassation.

On a demandé si un préfet pouvait rayer de la liste des électeurs le nom des individus qui déclarent ne pas vouloir exercer le droit électoral, ou le nom de ceux qui, âgés et infirmes, sont hors d'état de pouvoir voter.

Nul ne peut renoncer au vote électoral : chacun est libre d'en user ou de n'en pas user. — L'âge et l'état d'infirmité ne privent pas un électeur de ses droits. Ces deux circonstances ne peuvent donc autoriser le préfet à rayer un citoyen qui réunit les conditions requises.

19. Les listes de l'arrondissement électoral ainsi rectifiées par le préfet, seront affichées le 15 août au chef-lieu de chaque canton et dans les communes où la popu-

lation sera au moins de 600 habitans. Elles seront déposées, 1° au secrétariat de
la mairie de chacune de ces communes ;
2° au secrétariat de la préfecture, pour
être données en communication à toutes
les personnes qui le requerront.

La liste des contribuables électeurs contiendra, en regard du nom de chaque individu inscrit, la date de sa naissance et
l'indication des arrondissemens de perception où sont assises ses contributions
propres ou déléguées, ainsi que la quotité
et l'espèce des contributions pour chacun
des arrondissemens.

La liste des électeurs désignés par l'art.
3 contiendra en outre, en regard du nom
de chaque individu, la date et l'espèce de
titre qui lui confère le droit électoral, et
l'époque de son domicile réel.

Le préfet inscrira sur cette liste ceux
des individus qui, n'ayant pas atteint au
15 août les conditions relatives à l'âge, au
domicile et à l'inscription sur le rôle de la
patente, les acquerront avant le 21 octobre, époque de la clôture de la révision
annuelle.

L'impression des listes électorales coûte
des sommes considérables qu'on a évaluées

de 1500 mille francs à 2 millions. C'est pour diminuer ces frais que la Chambre des députés a demandé de n'envoyer des listes électorales que dans les chefs-lieux de canton et dans les communes de quelque importance. D'ailleurs le mode suivi jusqu'à présent était fondé sur ce qu'il y avait autrefois une liste départementale des plus imposés, tandis que maintenant il n'y a plus que des listes séparées pour les divers arrondissemens, et la loi (art. 25) restreint avec raison le droit d'intervention des tiers dans les limites de l'arrondissement électoral. Ce serait dès lors sans objet que chaque liste d'arrondissement serait affichée dans les arrondissemens qui lui sont étrangers.

20. S'il y a moins de 150 électeurs inscrits, le préfet ajoutera, sur la liste qu'il publiera le 15 août, les citoyens payant moins de 200 fr. qui devront compléter le nombre de 150, conformément au § 1er de l'art. 2.

Toutes les fois que le nombre des électeurs ne s'élèvera pas au-delà de 150, le préfet publiera à la suite de la liste électorale une liste supplémentaire dressée dans la même forme et contenant les noms des dix citoyens susceptibles d'être appelés à compléter le nombre de 150, par suite des changemens qui surviendraient ultérieurement dans la composition du collége dans les cas prévus par les art. 30, 32 et 35.

Les *électeurs-adjoints* (art. 3) doivent être portés sur une liste séparée, puisqu'ils comptent en dehors du nombre cent cinquante, et que l'art. 17 exige des indications différentes pour les uns et pour les autres.

Il va sans dire que tous les électeurs doivent avoir vingt-cinq ans au moins, et jouir des droits civils et politiques.

Le texte du 2ᵉ § de l'article, de même que celui des articles 30 et 35, semble établir que cette liste de suppléans est destinée à compléter le collége et non pas *la liste des censitaires*. Mais ce vice de rédaction tient à ce que la Chambre des députés, en modifiant le système adopté primitivement par la Chambre des pairs qui comptait les électeurs-adjoints dans le nombre cent cinquante, a laissé subsister la rédaction des art. 20, 30 et 35 appropriés à ce système. Son intention de mettre en dehors du nombre 150 les électeurs-adjoints résulte clairement de la discussion qui a eu lieu dans la séance du 9 avril, et de la transposition qu'elle a faite des art. 2 et 3 de la Chambre des pairs, ainsi que des mots, *en outre*, placés dans l'art. 3.

21. La publication prescrite par les art. 19 et 20 tiendra lieu de notification des décisions intervenues aux individus dont l'inscription aura été ordonnée.

Les décisions provisoires du préfet, qui indiquent ceux dont le nom devrait être retranché comme ayant été indûement inscrit, ou comme ayant perdu les qualités requises, seront notifiées, dans les dix jours, à ceux qu'elles concernent, ou au domicile qu'ils sont tenus d'élire dans le département pour l'exercice de leurs droits électoraux, s'ils n'y ont pas leur domicile réel, et à défaut de domicile élu, à la mairie de leur domicile politique.

Cette notification et toutes celles qui doivent avoir lieu, aux termes de la présente loi, seront faites suivant le mode employé jusqu'à présent pour les jurés, en exécution de l'art. 389 du Code d'instruction criminelle.

Les dix jours se comptent à partir de la

date des décisions et non de la publication de la liste : c'est ce qui résulte de l'ensemble de l'article et de la discussion qui eut lieu à ce sujet en 1828. (Inst. min. du 25 août 1828.)

Afin de donner aux intéressés plus de temps pour rechercher les pièces propres à appuyer leurs réclamations, le préfet doit prendre ces décisions à partir du 1er juillet, à mesure qu'il en a recueilli les élémens. (Inst. min. du 25 avril 1828.)

Lorsque les décisions ne portent que sur une modification de cens, il résulte des termes de l'article qu'elles n'ont pas besoin d'être notifiées, puisque les radiations seules sont assujéties à la notification.

– Cependant ces réductions de cens peuvent avoir pour effet d'enlever à un électeur la capacité d'éligible. Or, il est dans l'esprit de la loi qu'un droit aussi important ne puisse se perdre tacitement, pour ainsi dire, et sans qu'une décision motivée soit notifiée à l'électeur dans les dix jours de sa date.

Sous la législation de 1828, l'administration avait appliqué cette doctrine au cas où la réduction du cens faisait sortir un électeur du collége départemental, parce qu'elle était

de nature à faire perdre un *droit acquis.*
(Instr. min., 25 août 1828.) Toutefois deux
arrêts des Cours royales d'Orléans et de
Caen, des 4 déc. 1828 et 17 déc. 1829, ont
décidé le contraire sur le motif que la permanence des listes ne s'entend que de l'inscription du nom de l'électeur et non de la
quotité de ses contributions; et que quand
il s'agit, non d'une radiation mais d'un simple changement dans la quotité des contributions qui ont donné lieu à l'inscription,
la publication de la liste rectifiée par le préfet tient lieu de notification aux individus
dont l'inscription a été ordonnée ou conservée.

Néanmoins nous préférons la règle prescrite par l'administration dans un cas analogue, comme plus conforme à l'esprit général de la loi.

La notification doit être faite conformément à l'art. 389 du Code d'instruction criminelle, c'est-à-dire, par des gendarmes.
(Lois des 28 germinal an VI, et 5 pluviôse
an XIII. — Cour de cassation, 1er juillet
1830.)

Pour assurer et accélérer les notifications

à faire à des électeurs qui n'auraient pas leur domicile réel dans le département, la loi exige qu'ils fassent élection d'un domicile *spécial pour les notifications;* mais ils peuvent le choisir dans une commune *quelconque du département*, et non pas seulement dans celle où ils ont leur domicile politique. Le motif de cette disposition est qu'ils ont quelquefois des relations plus fréquentes et plus promptes avec un correspondant, un homme d'affaires, un parent, un ami, habitant hors du lieu de leur domicile politique, qu'avec le fermier ou l'agent chargé de la gestion des biens qui leur donnent ce domicile. — Cette élection peut être mentionnée dans la déclaration au greffe. (Inst. min. du 20 avril 1831.)

Les rectifications de cens ou de domicile doivent être mentionnées par le préfet sur le registre matricule, et sur un bordereau qui sert à former la minute de la liste livrée à l'impression. (Instruction min. du 25 août 1828.)

22. Après la publication de la liste rectifiée, il ne pourra plus y être fait de changement qu'en vertu de décisions rendues

par le préfet, en conseil de préfecture, dans les formes ci-après.

23. A compter du 15 août, jour de la publication, il sera ouvert au secrétariat général de la préfecture un registre coté et paraphé par le préfet, sur lequel seront inscrites, à la date de leur présentation et suivant un ordre de numéros, toutes les réclamations concernant la teneur des listes. Ces réclamations seront signées par le réclamant ou par son fondé de pouvoir.

Le préfet donnera récépissé de chaque réclamation et des pièces à l'appui. Ce récépissé énoncera la date et le numéro de l'enregistrement.

L'impression de la liste générale, révisée administrativement par le préfet, qui doit paraître chaque année le 15 août, exige un temps plus ou moins considérable, pendant lequel sont formées des demandes et recueillis des renseignemens, dont l'administration ne peut tirer parti pour cette publication. On forme de ces documens la matière d'un *supplément à la liste*, qui est dressé et arrêté dans la même forme que la liste elle-même, le 15 août, ou même le 14 au soir, pour être affiché avant le 20 août.

L'inscription des réclamations sur le registre consiste dans l'indication sommaire des conclusions de chaque réclamation. (Inst. minist., 25 août 1828.)

Ces réclamations sont jugées en conseil de préfecture, c'est-à-dire, par le préfet seul, car le suffrage des conseillers est purement consultatif. (Discussion de la loi du 2 juillet 1828.)

Le préfet ne peut, après la publication de la liste, introduire d'office des réclamations devant le conseil de préfecture. C'est ce qui résulte de la distinction que la loi a établie entre les opérations purement administratives et le jugement des difficultés qui se présentent sur la rédaction de la liste révisée et publiée le 15 août. (Inst. min., 25 août 1828; — Rouen, 22 déc. 1828.)

Quelques préfets avaient cru devoir refuser les demandes et les pièces qui ne leur étaient pas présentées par la partie intéressée elle-même ou par ses fondés de pouvoirs. Une pareille prétention est tellement exorbitante qu'il n'est pas présumable qu'elle se représente désormais. Elle a d'ailleurs été déjà condamnée par un arrêt de la Cour royale de Rouen, du 20 décembre 1828, et il n'est pas permis de douter qu'elle ne le fût par toutes les autres Cours. En principe général, le mandat verbal, lorsqu'il est justifié, est admis comme le mandat écrit, et le porteur des pièces est présumé mandataire verbal. L'application devait d'autant plus avoir lieu, en matière d'élection, que le principe de la loi est que les listes doivent être faites d'office ; de quelque main, par quelque voie que des pièces justificatives parviennent à l'administration, son devoir est donc de les accueillir. (Chambre des pairs.)

24. Tout individu qui croirait avoir à se plaindre, soit d'avoir été induement inscrit, omis ou rayé, soit de toute autre erreur commise à son égard dans la rédaction des listes, pourra, jusqu'au 30 septembre inclusivement, présenter sa réclamation, qui devra être accompagnée de pièces justificatives.

Le 20 septembre, terme fatal pour les réclamations, les bureaux de la préfecture doivent être ouverts jusqu'à minuit : c'est alors qu'est clos le registre des réclamations par un arrêté signé du préfet, et contre-signé par le secrétaire général de la préfecture.

Toute réclamation qui serait faite après ce terme ne serait pas admissible. (Rouen, 13 décembre 1828.)

25. Dans le même délai, tout individu inscrit sur les listes d'un arrondissement électoral pourra réclamer l'inscription de tout citoyen qui n'y sera pas porté, quoique réunissant les conditions nécessaires; la radiation de tout individu qu'il prétendrait indûment inscrit, ou la rectification de toute autre erreur commise dans la rédaction des listes.

Ce même droit appartiendra à tout citoyen inscrit sur la liste des jurés non électeurs de l'arrondissement.

Par ces mots, inscrit sur *les listes*, la Chambre des pairs a étendu cette faculté aux personnes appelées à compléter la liste des 150.

26. Aucune des demandes énoncées en l'article précédent ne sera reçue lors-

qu'elle sera formée par des tiers, qu'autant que le réclamant y joindra la preuve qu'elle a été par lui notifiée à la partie intéressée, laquelle aura dix jours pour y répondre, à partir de celui de la notification.

La notification dont il s'agit doit être faite par huissier. (Inst. minist. du 25 août 1828.)

La demande du tiers doit être accompagnée de la preuve que la notification a été faite : mais il ne peut la rapporter après le 30 septembre, quoique la réclamation ait été formée avant. En effet, il résulte du rapprochement des art. 24 et 25 que la notification doit avoir lieu dans les mêmes délais que la réclamation. Et si l'on admettait que la notification pût être faite après le 30 septembre, il en résulterait que dans la plupart des cas, la partie intéressée n'aurait pas pour répondre les dix jours accordés par l'art. 26. (Rennes, 16 décembre 1828 et 10 janvier 1829.)

Mais l'électeur dont on attaque l'inscription peut-il après le 30 septembre justifier des contributions non encore déclarées?

Dans ce cas la clôture de la liste est suspendue à l'égard du défendeur, jusqu'au jugement de l'action. S'il en était autrement, le tiers serait toujours le maître de priver l'électeur inscrit du droit de faire maintenir son inscription, en combinant son action de manière à ne l'exercer que le dernier jour du terme fixé. Au surplus, il ne pourrait se servir des pièces qu'il produit pour obtenir un droit ou avantage plus grand que celui qui est accordé par l'inscription attaquée. (Caen, Rennes, Paris, 29 décembre 1828, 5 janvier et 20 novembre 1829.)

Nous avons déjà vu que l'administration n'avait pas le droit de s'immiscer dans les intérêts privés en attaquant des actes translatifs ou déclaratifs de propriété, lorsque les parties intéressées respectaient les dispositions; cette interdiction doit s'étendre naturellement aux tiers intervenans. (Voy. p. 69)

Les tiers comme les intéressés doivent produire des pièces justificatives, c'est-à-dire, des extraits de rôle : à cet effet, l'art. 36 enjoint aux percepteurs des contributions directes de délivrer les extraits ou un certificat négatif à toute personne portée au rôle et à tout individu qualifié comme il est dit à l'art. 25. (Voy. art. 36, p. 199)

L'administration a indiqué le mode à suivre pour vérifier la portion d'impôt des portes et fenêtres afférente au locataire. C'est ordinairement le propriétaire qui fournit un certificat de cet impôt ; quelquefois c'est un procès-verbal de recensement dressé par le contrôleur des contributions directes qui le constate ; et le résultat en est indiqué sur l'extrait de rôle délivré par le percepteur. Il convient que le préfet communique ces renseignemens au réclamant, ou ordonne au percepteur de les communiquer. (Solution du 14 janvier 1829.)

Enfin les parties peuvent trouver un moyen puissant de justifier de leurs droits dans la communication des pièces qui est formellement ordonnée par l'art. suivant.

27. Le préfet statuera en conseil de préfecture sur les demandes dont il est fait mention aux art. 24 et 25 ci-dessus, dans les cinq jours qui suivront leur réception, quand elles seront formées par les parties elles-mêmes ou par leur fondé de pouvoir, et dans les cinq jours qui sui-

vront l'expiration du délai fixé par l'art. 26, si elles sont formées par des tiers. Ses décisions seront motivées

La communication sans déplacement des pièces respectivement produites sur les questions et contestations devra être donnée à toute partie intéressée qui la requerra.

Le préfet doit statuer en conseil de préfecture sur toutes les questions qui lui sont régulièrement présentées et ne peut en renvoyer la décision aux Cours royales avant d'avoir prononcé. (Paris, 25 août 1829.)

On a demandé si le préfet pouvait condamner aux dépens l'électeur dont le nom est rayé par l'intervention d'un tiers et qui succombe dans sa réclamation ? — L'administration a répondu que l'action des tiers devant le préfet, en conseil de préfecture, n'est pas soumise aux dispositions sur les instances judiciaires, et que la loi ne contient à cet égard aucune disposition expresse. (Solution du 14 avril 1829.)

Le dernier § de l'article donne à toute partie intéressée le droit de prendre communication des pièces produites devant le préfet. Mais un tiers intervenant ne peut forcer le préfet à lui communiquer, 1° les registres ou autres pièces servant à constater les translations de domicile; 2° les registres des réclamations autorisées par l'article 23, lorsque d'ailleurs il ne forme pas de demande spéciale tendant à la radiation ou à l'inscription d'un citoyen, conformément aux articles 25 et 26. (Paris, 9 juin 1830.)

Celui qui requiert la communication devra justifier de son intérêt : si c'est un tiers intervenant, il devra présenter le récépissé qui lui aura été délivré : si c'est un individu dont l'inscription est demandée ou constatée, il produira la notification qui lui aura été signifiée par l'électeur ou juré réclamant. (Inst. minist. du 25 août 1829.)

28. Les art. 23, 24, 25, 26 et 27 ci-dessus sont applicables à la liste supplémentaire prescrite par le dernier paragraphe de l'art. 20.

29. Il sera publié tous les quinze jours un tableau de rectification, conformément aux décisions rendues dans cet in-

tervalle, et présentant les indications mentionnées à l'art. 19.

Aux termes de l'art. 21, la publication de ces tableaux de rectification tiendra lieu de notification aux individus dont l'inscription aura été ordonnée ou rectifiée.

Les décisions portant refus d'inscription, ou prononçant des radiations, seront notifiées dans les cinq jours de leur date aux individus dont l'inscription ou la radiation ont été réclamées par eux ou par des tiers.

Les décisions rejetant les demandes en radiation ou en rectification seront notifiées dans le même délai, tant au réclamant qu'à l'individu dont l'inscription aura été contestée.

Ces tableaux comprennent trois sortes d'articles ; des *additions*, des *radiations*, des *rectifications*, et paraissent les 31 août, 15 et 30 septembre et 30 octobre.

30. Le préfet, en conseil de préfecture, apportera, s'il y a lieu, à la liste électorale, en dressant les tableaux de rectification, les changemens nécessaires

pour maintenir les colléges au complet de cent cinquante électeurs. Il maintiendra également la liste supplémentaire au nombre de dix suppléans.

31. Le 16 octobre, le préfet procédera à la clôture des listes. Le dernier tableau de rectification, l'arrêté de clôture des listes des colléges électoraux de département seront publiés et affichés le 20 du même mois.

La loi a laissé seize jours d'intervalle *entre le terme d'admission des réclamations et la clôture de la liste*, afin que les délais déterminés par les art. 26 et 27, puissent être observés à l'égard des réclamations qui ne seraient formées que le 30 septembre. Dans ce cas, l'intéressé devra répondre le 10 octobre au plus tard, et le préfet, en conseil, aura cinq jours pour y statuer.

On ne peut inscrire sur le tableau de rectification, dressé le 16 octobre, les individus qui pendant ces seize jours, ont acquis la qualité d'électeur par des circonstances qui n'étaient pas connues ou ne pouvaient l'être le 30 septembre. En effet aucune réclamation ne peut être reçue après cette époque, et le

préfet, en conseil de préfecture, ne peut statuer que sur des réclamations présentées antérieurement.

Par le même motif, il n'y a pas lieu de
retrancher les individus qui perdraient leurs
droits du 1ᵉʳ au 16 octobre. Cependant on
admet une exception pour ceux dont le décès, survenu dans la période des seize jours,
serait légalement constaté. Leurs noms doivent figurer à l'art. *Retranchemens* du dernier
tableau de rectification. (Instruction ministérielle du 25 août 1829.)

32. La liste restera jusqu'au 20 octobre
de l'année suivante, telle qu'elle aura été
arrêtée conformément à l'article précédent, sauf néanmoins les changemens
qui y seront ordonnés par des arrêts rendus dans la forme déterminée par les articles ci-après, et sauf aussi la radiation
des noms des électeurs décédés ou privés
des droits civils ou politiques par jugement ayant acquis force de chose jugée.

L'élection à quelque époque de l'année
qu'elle ait lieu, se fera sur ces listes.

La loi nouvelle interdit à l'avenir la formation de tout tableau de rectification dans

16

le cours de l'année qui suit la clôture de la révision annuelle, elle veut que la liste, une fois arrêtée, serve une année entière pour les élections, sans qu'on tienne compte des droits acquis ou perdus dans cet intervalle. Des considérations de stabilité, d'ordre, de simplicité dans le travail et d'économie dans les dépenses, ont dicté cette disposition, qui est plus en harmonie avec le principe de la permanence des listes. Elle avait déjà été proposée lors de la discussion de la loi du 2 juillet 1828, et l'expérience du système opposé en a confirmé les avantages. (Instruction ministérielle du 20 avril 1831.)

33. Toute partie qui se croira fondée à contester une décision rendue par le préfet, pourra porter son action devant la Cour royale du ressort, et y produire toutes pièces à l'appui.

L'exploit introductif d'instance devra, sous peine de nullité, être notifié dans les dix jours, quelle que soit la distance des lieux, tant au préfet qu'aux parties intéressées.

Dans le cas où la décision du préfet aurait rejeté une demande d'inscription formée par un tiers, l'action ne pourra être intentée que par l'individu dont l'inscription aurait été réclamée.

La cause sera jugée sommairement, toutes affaires cessantes, et sans qu'il soit besoin du ministère d'avoué. Les actes judiciaires auxquels elle donnera lieu seront enregistrés *gratis*. L'affaire sera rapportée en audience publique par un des membres de la Cour, et l'arrêt sera prononcé, après que la partie ou son défenseur et le ministère public auront été entendus.

S'il y a pourvoi en cassation, il sera procédé sommairement, et toutes affaires cessantes, comme devant la Cour royale, avec la même exemption du droit d'enregistrement, sans consignation d'amende.

Dans cette nouvelle juridiction, la Cour royale n'est point appelée à réformer les décisions du préfet ; ce n'est point un *appel* qui lui est soumis, c'est une action qui doit être portée devant elle. — Le préfet rédige la liste et la publie. Des réclamations lui sont adressées, il les examine en conseil de préfecture, les accueille ou les repousse. S'il les accueille, tout est terminé : s'il les rejette, *le litige s'établit entre le réclamant et lui*, et ce litige est porté devant la Cour royale. Le préfet transmet à la Cour les pièces et les observations qui doivent justifier la résolution qu'il a prise. Le Cour prononce et le préfet opère sur la liste les notifications que la Cour a prescrites.

Cette action peut être intentée par toute partie qui se croit fondée à contester les décisions du préfet, mais elle ne peut l'être par un tiers que dans le cas où la demande qu'il a faite au préfet, en conseil de préfecture, avait pour objet une radiation ou une rectification de cens; s'il s'agit d'une demande d'inscription, l'action ne pourra être intentée que par l'individu dont l'inscription aurait été réclamée. (Art. 33, § 3.)

Du reste la compétence des Cours royales ne s'applique qu'aux réclamations qui ont préalablement été soumises au jugement du préfet en conseil de préfecture. (Riom, 24 août 1829.)

Elle ne peut pas s'étendre à ce qui est uniquement du ressort de l'administration, comme de régler ou de modifier la quotité de l'impôt établi aux côtes des contributions directes. (*Voyez* page 51.)

Il s'était élevé de graves difficultés sur la question de savoir si l'individu qui porte son action devant la Cour royale peut y produire d'autres pièces que celles dont il a dû accompagner sa réclamation devant le préfet, conformément à l'art. 23.

On a pensé qu'il n'y avait aucun motif suffisant pour priver les parties du droit de produire à l'appui de leur action, devant les Cours royales, toutes les pièces qu'elles croient utiles à leurs intérêts de produire, sans distinction de celles qu'ils auraient jointes ou omis de joindre à leur réclamation devant le préfet. C'est le droit commun devant les Cours souveraines, et par cela même qu'elles sont souveraines et qu'elles statuent en dernier ressort, tous moyens nouveaux peuvent être présentés, toutes pièces nouvelles produites ; aucune voie ne peut être fermée à la vérité, comme aucun recours n'est ouvert après elles quand il s'agit de droits basés sur les faits ; les Cours souveraines loin de repousser les preuves sur lesquelles ces faits s'appuient, doivent les appeler, les rechercher ; ce n'est pas seulement leur droit, c'est leur devoir, car le devoir comme le besoin de la justice est de s'entourer de toutes les lumières qui peuvent éclairer sa religion.

Sous l'empire de la loi de 1828, il s'était présenté plusieurs fois la question de savoir, si le délai dont il s'agit dans le § second serait susceptible d'augmentation, à raison de la distance établie par l'art. 1033 du Code de procédure civile. Le législateur l'a résolue dans le sens de la jurisprudence qui s'était établie sous les lois précédentes : et cette règle s'applique à tous les délais de notification ou d'assignation dont il est parlé dans la loi.

On a demandé si, dans les actions intentées devant la Cour royale, les préfets devaient être considérés comme parties dans l'instance, et assignés en cette qualité devant la Cour royale ? — Il semblerait résulter de la discussion qui a eu lieu à la Chambre des Pairs, relativement à la loi du 2 juillet 1828, que le préfet n'est pas personnellement partie intéressée dans cette instance ; qu'il ne peut y être mandé ; que ce n'est pas lui qu'on juge ; que c'est son acte ou plutôt le droit sur lequel cet acte a prononcé. Aussi ne confie-t-il pas la défense de ses arrêtés à des avocats : il se borne à envoyer les pièces et des mémoires au procureur-général.

Les Cours royales se sont partagées sur cette question.

Celles de Paris et de Metz, et cette dernière dans plusieurs arrêts, ont déclaré que le préfet n'étant pas *partie*, ne devait pas être *cité* devant la Cour.

La Cour royale de Nancy, par arrêt du 24 novembre 1828, a adopté une opinion opposée : voici le considérant de cet arrêt, où la question nous paraît envisagée sous son véritable point de vue :

« Attendu que la loi n'a point apporté de changement à l'usage d'assigner le préfet, usage non contesté et reconnu par divers arrêts, notamment par un arrêt de cassation du 22 février 1828 ; que les termes *exploit introdutif d'instance*, insérés dans l'art. 18 de cette loi, l'établissent manifestement, puisqu'un exploit de cette nature est un acte fait par huissier pour assigner quelqu'un et le citer à comparaître, ou autrement dit un *ajournement* ; qu'un ajournement suppose nécessairement une personne interpellée et ajournée : que, dans l'espèce, la seule personne qui puisse être ajournée, c'est le préfet ; que vainement on objecte que le préfet, étant juge de première instance dans cette matière, ne peut, devant la Cour, être appelé comme *partie :* qu'il a en cette matière deux qualités qu'il ne faut pas confondre ; qu'il est *partie* en tant qu'il a rendu la décision primitive attaquée par le réclamant, comme lui faisant un tort, qui est la cause de la contestation ; qu'il est *juge* en tant que sur la réclamation du plaignant, il a rendu, *en conseil de préfecture,* aux termes de l'art. 14 (27 de la nouvelle loi), l'arrêté attaqué, qui a confirmé la décision primitive ; que s'il avait agi comme juge en rendant la décision primitive, il s'ensuivrait qu'il y a en matière électorale trois degrés de juridiction, ce qui est insoutenable ; que lorsque le préfet rend les arrêtés sans l'assistance du conseil de préfecture, il fait un véritable acte de contradiction donnant lieu à un litige ; qu'il est dans la même position qu'un officier de l'état civil qui refuserait son ministère pour un acte qui lui serait demandé ; que dans ce cas les officiers de l'état civil sont ajournés devant les tribunaux ; qu'il doit en être de même des

préfets, qui sont *officiers de l'état politique ;*
que cet ajournement est même dans l'intérêt
du préfet, qui peut alors se défendre, faire
valoir son opinion et prendre des conclusions
positives ; qu'on objecte vainement que le
préfet peut fournir des renseignemens extra-
judiciaires ; que ces renseignemens ne font
pas état dans la cause ; qu'ils sont confiés à
l'appréciation du procureur-général, qui peut
n'en pas faire usage ; tandis que si le préfet
est en cause, son avis a un organe devant
les juges ; et sa défense est présentée avec
plus de succès. »

La Cour de cassation, par un arrêt du 22
février 1830, supposa reconnu par la loi, *que
le préfet est mis en cause* pour justifier la décision qu'il a prise : doctrine que l'avocat-
général a de nouveau professée devant la
Chambre des requêtes de la Cour de cassation le 14 juin 1830.

Les pièces produites par les parties peuvent être envoyées par le préfet au procureur-général, au lieu d'être remises aux parties sur leur récépissé. (Paris, juin 1830,
implicitement.)

Le préfet peut retenir les pièces qui lui

ont été remises, tant que la contestation n'est pas terminée, si d'ailleurs il offre d'en donner communication lors des plaidoiries. En effet, la loi (art. 27) en ordonnant que le préfet serait tenu de donner communication sans déplacement de pièces produites sur les questions en contestation, l'a autorisé nécessairement à les conserver tant que la contestation n'est pas entièrement terminée. (Orléans, 11 juin 1830.)

Un tiers peut-il déférer le serment et demander à prouver par témoins que l'individu inscrit ne possède pas les biens dont on lui compte la contribution ?

La négative a été consacrée par deux arrêts, l'un de la Cour royale de Montpellier, du 2 décembre 1829, et l'autre de la Cour d'Orléans de juin 1830 : voici les considérans de ce dernier :

« Considérant qu'aux termes de l'art. 12 de la loi du 2 juillet 1828 (25 de la nouvelle loi), les tiers qui réclament la radiation d'un individu porté sur la liste électorale doivent accompagner leur demande de pièces justificatives ; qu'en soumettant le réclamant à appuyer sa demande de pièces justificatives,

la loi a par-là même exclu tous les autres
genres de preuves autorisés dans les affaires
civiles ordinaires et qui ne seraient propres
qu'à entraîner des discussions longues et difficiles contrairement à l'esprit de la loi : conséquemment qu'on ne saurait autoriser en
pareille matière la délation du serment dé-
cisoire, dont l'effet serait d'ailleurs d'élever
des discussions sur des propriétés paisibles
et non contestées : que dans l'espèce la réclamation n'est appuyée d'aucune pièce jus-
tificative portant la preuve de faits allégués. »

La Cour royale peut-elle ordonner que
l'inscription sera faite sur la minute ?

Il est hors de doute qu'elle le peut quand
il y a urgence : ainsi en juin et juillet 1830,
toutes les Cours, et notamment celle de Paris,
ont rendu une infinité d'arrêts dans ce sens.
Mais lorsqu'aucun intérêt majeur ne réclame
ce procédé extraordinaire, il n'y a rien dans
la loi qui l'autorise : ainsi jugé par la Cour
royale de Pau, le 16 décembre 1828.— La
Cour royale de Paris a déclaré, en juin 1830,
qu'il était permis, en cas d'urgence, d'assigner
à bref délai, parce que le délai fixé par la loi

laisse subsister les dispositions du Code de procédure.

Il n'est pas nécessaire que les arrêts des Cours royales soient motivés, attendu que la loi électorale a dérogé aux lois antérieures sur la forme des arrêts. (C. de cas., 26 et 28 juin 1830.)

Il peut paraître extraordinaire que le législateur ait cru devoir déclarer que le défenseur sera entendu ; mais la jurisprudence de certaines Cours rendait cette disposition nécessaire. Ainsi les Cours royales de Besançon et de Bourges, 10 et 11 juin 1830, ont déclaré que le défenseur ne devait pas être entendu, parce que d'après le Code de procédure les défenseurs ne doivent pas prendre la parole après le rapport. Il importait de repousser une doctrine contraire à tous les principes sur lesquels se fonde le droit de défense.

Le préfet qui succombe devant la Cour royale peut-il être condamné aux dépens ?

La Cour royale de Nanci avait condamné le préfet de la Meurthe aux dépens, par deux arrêts du 10 novembre 1828; mais abandonnant bientôt cette doctrine erronée, elle reconnut, dans un arrêt du 24 du même mois, « Que le préfet, remplissant un ministère public, avait agi dans le cercle de ses fonctions, et pour l'exécution des lois; qu'il n'avait aucun intérêt privé à la décision à intervenir, qu'on ne pouvait pas plus lui appliquer l'art. 130 du Code de procédure civile qu'on ne peut l'appliquer au ministère public; que tout arrêt qui condamnerait le préfet aux dépens, en sa qualité, serait inexécutable, n'y ayant pas de fonds alloués par l'État, aux préfets, pour ces sortes de dépenses; que la loi du 2 mai 1827, non abrogée en cette partie, porte (art. 4) : que ces sortes de contestations auront lieu sans dépens; que, par arrêt du 21 février 1828, la Cour de cassation a décidé que l'esprit de cette loi était même que ces actions fussent jugées sans dépens; que la loi du 2 juillet 1828 est loin de contrarier cette disposition dans son esprit, en diminuant les dépens par tous les moyens possibles (art. 18—33 de la nouvelle loi); qu'il y a donc impossibilité légale de condamner le préfet aux dépens, puisqu'une loi formelle s'y oppose.

En général les Cours statuent sans dépens

et alors ils tombent dans tous les cas à la charge du demandeur.

Les actes judiciaires auxquels donnent lieu les causes électorales doivent être enregistrés *gratis* (§ 4). M. Isambert avait proposé un amendement qui avait pour objet d'affranchir ces causes des droits de greffe et de timbre, et de consacrer ainsi par une disposition légale les décisions de l'administration qui jusqu'à présent les ont dispensées de ce droit. Quoique la Chambre n'ait pas cru devoir adopter cette proposition, nous ne doutons pas que le Gouvernement n'accorde aux électeurs les mêmes exemptions dont ils jouissaient sous le pouvoir déchu.

Les préfets ont-ils qualité pour se pourvoir en leur nom, contre les arrêts des Cours royales rendus sur appel de leurs arrêtés? — L'affirmative n'est pas douteuse d'après ce que nous avons dit sur la question de savoir si les préfets sont *parties* dans ces instances. (Cour de cass., 14 juin et 1er juillet 1830.) Voir p. 186.

Les décisions des Cours royales sont souveraines et échappent à la censure de la Cour de cassation, lorsqu'elles portent sur l'appréciation du cens électoral, résultant de pièces produites d'ailleurs devant le préfet. (Cour de cass., 29 juin et 3 juillet 1830.)

Les gendarmes ont-ils qualité pour signifier les arrêts d'admission de la section des requêtes, et assigner le défenseur à comparaître devant la section civile?

La Cour de cassation a consacré l'affirmative par arrêt du 1er juillet 1830, attendu que l'art. 8 de la loi du 2 juillet 1828 (art. 21 de la nouvelle loi) veut que les notifications qui doivent avoir lieu aux termes de ladite loi soient faites suivant le mode employé jusqu'à présent pour les jurés, en exécution de l'article 389 du Code d'instruction criminelle, et que ce mode est celui déterminé par l'art. 13 de la loi du 28 germinal an VI, qui autorise les gendarmes à porter les cédules pour les notifications aux citoyens appelés à faire partie du jury.

Des omissions nombreuses ont été signalées dans les exploits signifiés par des gendarmes; ainsi la mention de la personne à laquelle la copie a été laissée n'a pas été faite : à défaut de notification à l'électeur, la copie n'a pas été laissée au maire, ou bien la copie ne contenait pas les nom et prénom du gendarme : la Cour de cassation a décidé que dans tous ces cas, la nullité était couverte, quand l'électeur se présentait, ne fût-ce que pour l'invoquer. (3, 5 et 6 juillet 1830.)

Il n'est pas nécessaire que les exploits faits par les gendarmes soient enregistrés : attendu que les notifications faites aux jurés ne sont pas soumises à la formalité de l'enregistrement, l'art. 70 de la loi du 22 frimaire n'y assujétissant que les actes et procès-verbaux des gendarmes qui concernent la police générale, la sûreté et la vindicte publique. (Cours de cas., 3 juillet 1830.)

Si le gendarme a omis de parapher le pouvoir, il n'y a pas nullité, lorsque les mêmes mots placés aux renvois se retrouvent dans le corps de l'acte. (C. de cas., 7 juillet 1830.)

Les gendarmes ne sont pas tenus d'observer les formalités exigées par le Code de procédure, la loi électorale voulant que les notifications aient lieu en exécution de l'art. 389 du Code d'instruction criminelle. (C. de cas., 3 juillet 1830.)

Mais l'exploit d'admission qui ne serait

signé ni par un gendarme ni par un huissier, serait radicalement nul. (C. de cass., 6 juillet 1830.)

En juin et juillet 1830, afin de donner aux électeurs le temps de justifier de leurs droits, la Cour de cassation a abrégé le délai de quinzaine que le réglement de 1738 accorde aux défendeurs pour paraître sur l'assignation : elle a même déclaré qu'une citation donnée devant la chambre civile, pour paraître à la prochaine audience, était valable (7 juillet 1830).

34. Les réclamations portées devant les préfets en conseil de préfecture, et les actions intentées devant les Cours royales par suite d'une décision qui aura rayé un individu de la liste, auront un effet suspensif.

Les délais sont calculés de manière que le recours puisse être jugé par la Cour royale, et que son arrêt puisse être notifié avant l'ouverture du collége. Si cependant la Cour n'avait pas statué avant cette époque sur une action qui aurait pour objet d'attaquer une radiation prononcée par le préfet

en conseil de préfecture, il devrait conformément à l'art 32, rétablir l'individu dont il
s'agit sur la liste du collége électoral.

35. Le préfet, sur la notification de
l'arrêt intervenu, fera sur la liste la rectification qui aura été prescrite.

Si, par suite de la radiation prescrite par
arrêt de la Cour royale, la liste se trouve
réduite à moins de cent cinquante, le
préfet, en conseil de préfecture, complé-
tera ce nombre en prenant les plus imposés de la liste supplémentaire arrêtée le
16 octobre, et seulement jusqu'à épuise-
ment de cette liste.

La partie qui a obtenu un arrêt favorable
de la Cour royale, doit le faire signifier dans
le plus bref délai possible au préfet. Si l'arrêt ordonne l'inscription d'un électeur sur la
liste, cet électeur devra, en faisant signifier
cet arrêt au préfet, le requérir de l'inscrire
immédiatement. Si le préfet refuse et ne lui
fait pas remettre la carte sans laquelle il ne
peut avoir son entrée dans le collége électoral, l'électeur pourra signifier l'arrêt au
président du collége et il sera admis par le
bureau à voter sur la représentation de l'ar-

rêt. Il en sera de même des électeurs qui, rayés de la liste par décision du préfet, justifieraient avoir porté leur action contre cette décision devant la Cour royale, action dont l'effet est suspensif par suite de l'art. 34., et qui laisse à celui qui l'a formée l'exercice de ses droits jusqu'à l'arrêt à intervenir. (Art. 46. § 2.)

Pour la liste supplémentaire. V. art. 20, p. 164.

36. Les percepteurs des contributions directes seront tenus de délivrer, sur papier libre, et moyennant une rétribution de 25 centimes par extrait de rôle concernant le même contribuable, à toute personne portée au rôle, l'extrait relatif à ses contributions, et à tout individu qualifié comme il est dit à l'article 25 ci-dessus, tout certificat négatif ou tout extrait des rôles de contributions.

37. Il sera donné communication des listes annuelles et des tableaux de rectification à tous les imprimeurs qui voudront en prendre copie. Il leur sera permis de les faire imprimer sous tel format qu'il leur plaira choisir, et de les mettre en vente.

TITRE IV.

DES COLLÉGES ÉLECTORAUX.

38. La Chambre des députés est composée de 459 députés.

Elle était auparavant de 43o.

39. Chaque collége électoral n'élit qu'un député.

Le nombre des députés de chaque département et la division des départemens en arrondissemens électoraux sont réglés par le tableau ci-joint, faisant partie de la présente loi.

Les députés seront élus pour cinq ans. (Art. 3i de la Charte).

Pour le tableau, voir à la fin du vol.

40. Les colléges électoraux sont convoqués par le roi. Ils se réunissent dans la ville de l'arrondissement électoral ou administratif que le roi désigne. Ils ne peuvent s'occuper d'autres objets que de l'élection des députés; toute discussion, toute délibération leur sont interdites.

41. Les électeurs se réunissent en une seule assemblée dans les arrondissemens

électoraux où leur nombre n'excède pas six cents.

Dans les arrondissemens où il y a plus de six cents électeurs, le collége est divisé en sections ; chaque section comprend trois cents électeurs au moins, et concourt directement à la nomination du député que le collége doit élire.

La division en sections est faite par le préfet en conseil de préfecture, en suivant l'ordre des numéros de la liste définitive. (*V*. fin du vol. Ordonn. des 4 sept. et 11 oct. 1820.)

42. Les présidens, vice-présidens, juges et juges-suppléans des tribunaux de première instance, dans l'ordre du tableau, auront la présidence provisoire des colléges électoraux, lorsque ces colléges s'assembleront dans une ville chef-lieu d'un tribunal. Lorsqu'ils s'assembleront dans une autre ville, comme dans le cas où, attendu le nombre des colléges où des sections, celui des juges serait insuffisant, la présidence provisoire sera, à leur défaut, déférée au maire, à ses adjoints, et successivement aux conseillers municipaux de la ville où se fait l'élection, aussi dans l'ordre du tableau.

Si le collége se divise en sections, la première sera présidée provisoirement par le premier des fonctionnaires dans l'ordre du tableau ; la seconde le sera par celui qui vient après, et successivement.

Si plusieurs colléges se réunissent dans la même ville, leur présidence provisoire sera déférée de la même manière et dans le même ordre que le serait celle des sections.

Si plusieurs colléges réunis dans la même ville se subdivisent en sections, la première du premier collége sera provisoirement présidée par le fonctionnaire le plus élevé ou le plus ancien dans l'ordre du tableau ; la première section du second collége le sera par le deuxième ; la seconde section du premier collége par le troisième ; la seconde section du deuxième collége par le quatrième, et ainsi des autres.

Les deux électeurs les plus âgés et les deux plus jeunes inscrits sur la liste du collége ou de la section sont scrutateurs provisoires. Le bureau choisit le secrétaire, qui n'a que voix consultative.

L'art. 35 de la Charte dispose : « Les présidens des colléges électoraux sont nommés par les électeurs. » Il était donc nécessaire que la loi déterminât à qui doit appartenir la présidence provisoire du collége.

Le secrétaire n'a que voix consultative parce qu'il est choisi par le bureau.

Il se présente à l'égard du président une question nouvelle. Il est probable que les colléges prendront en général leur président parmi les électeurs; cependant la loi ne s'étant pas prononcée à cet égard, il ne leur sera donc pas défendu de donner leur confiance à un président de tribunal, par exemple, à qui on ne voudra pas donner l'espèce de désagrément de quitter le fauteuil qu'il vient de remplir honorablement.

Mais il ne peut en être ainsi : dans l'esprit de la Charte et de la loi, le président définitif ne peut pas être pris hors du collége; et la Charte paraît avoir entendu, en laissant aux électeurs le choix de leur président, que ce choix aurait lieu parmi eux.

43. La liste des électeurs de l'arrondissement doit rester affichée dans la salle des séances pendant le cours des opérations.

Quoiqu'il ne soit pas nécessaire de signaler dans une liste le citoyen qui se recommande à la confiance des électeurs, il résulte des termes de l'art. 33 de la Charte, qu'une liste d'éligibles devra être formée dans certains départemens. Cet article est ainsi conçu :

« Si néanmoins il ne se trouvait pas dans le département cinquante personnes de l'âge indiqué, payant le cens d'éligibilité déterminé par la loi, leur nombre sera complété par le plus imposé au-dessous de ce cens. »

44. Le collége ou la section élit, à la majorité simple, le président et les scrutateurs définitifs. Le bureau ainsi formé nomme un secrétaire, qui n'a que voix consultative.

45. Le président du collége ou de la section a seul la police de l'assemblée. Nulle force armée ne peut être placée, sans sa réquisition, dans la salle des séances ni aux abords du lieu où se tient l'assemblée. Les autorités civiles et les commandans militaires sont tenus d'obéir à ses réquisitions.

Trois membres au moins du bureau seront toujours présens.

Le bureau prononce provisoirement sur les difficultés qui s'élèvent touchant les opérations du collége ou de la section. Toutes les réclamations sont insérées au procès-verbal, ainsi que les décisions motivées du bureau. Les pièces ou bulletins relatifs aux réclamations sont paraphés par les membres du bureau et annexés au procès-verbal.

La Chambre des députés prononce définitivement sur les réclamations.

Le procès-verbal des opérations doit s'ouvrir après la formation du bureau définitif (Ordonn. du 11 oct. 1820 *V*. fin du vol.). il est d'usage cependant que les opérations de la première journée y soient relatées.

46. Nul ne pourra être admis à voter, soit pour la formation du bureau définitif, soit pour l'élection du député, s'il n'est inscrit sur la liste affichée dans la salle et remise au président.

Toutefois le bureau sera tenu d'admettre à voter ceux qui se présenteraient munis d'un arrêt de la Cour royale, déclarant qu'ils font partie du collége, et ceux qui justifieraient être dans le cas prévu par l'article 34 de la présente loi.

L'électeur qui aurait perdu la carte qui lui aura été délivrée pourra être admis à voter par le bureau, son identité étant d'ailleurs bien constatée. (Ordonn. du 4 sept. 1820, art. 7. *V*. fin du vol.)

47. Avant de voter pour la première fois, chaque électeur prête le serment prescrit par la loi du 31 août 1830.

Ce serment est ainsi conçu : « Je jure fidélité au roi des Français, obéissance à la Charte constitutionnelle et aux lois du royaume. »

Le serment doit être prêté, lors du scrutin de nomination des membres du bureau définitif. Les électeurs qui n'ont pas pris part à cette opération préliminaire, sont tenus de prêter le serment avant le scrutin d'élection du député.

48. Chaque électeur, après avoir été appelé, reçoit du président un bulletin ouvert, sur lequel il écrit ou fait écrire secrètement son vote par un électeur de son choix, sur une table disposée à cet effet et séparée du bureau.

Puis il remet son bulletin écrit et fermé au président, qui le dépose dans la boîte destinée à cet usage.

Nous donnons à la fin du volume un extrait des ordonnances des 4 sept. et 11 oct. 1820 qui règlent la convocation et la tenue des colléges.

49. La table placée devant le président et les scrutateurs sera disposée de telle sorte, que les électeurs puissent circuler à l'entour pendant le dépouillement du scrutin.

50. A mesure que chaque électeur déposera son bulletin, un des scrutateurs où le secrétaire constatera ce vote en écrivant son propre nom en regard de celui du votant, sur une liste à ce destinée, et qui contiendra les noms et qualifications de tous les membres du collége ou de la section.

Chaque scrutin reste ouvert pendant six heures au moins, et est clos à trois heures du soir, et dépouillé séance tenante.

En 1820, les élections de la Haute-Vienne furent annulées parce que le bureau avait remis au lendemain le dépouillement du scrutin.

51. Lorsque la boîte du scrutin aura été ouverte et le nombre des bulletins vérifié, un des scrutateurs prendra successivement chaque bulletin, le dépliera, le remettra au président qui en fera lecture à haute voix et le passera à un autre scrutateur : le résultat de chaque scrutin est immédiatement rendu public.

52. Immédiatement après le dépouillement, les bulletins seront brûlés en présence du collége.

53. Dans les colléges divisés en plusieurs sections, le dépouillement du scrutin se fait dans chaque section ; le résultat en est arrêté et signé par le bureau ; il est immédiatement porté par le président de chaque section au bureau de la première section, qui fait, en présence de tous les présidens des sections, le recensement général des votes.

54. Nul n'est élu à l'un des deux premiers tours de scrutin, s'il ne réunit plus du tiers des voix de la totalité des membres qui composent le collége, et plus de la moitié des suffrages exprimés.

Les billets blancs ne doivent pas être comptés, la loi exigeant plus de la moitié des *suffrages exprimés*, on peut considérer ces billets comme n'exprimant aucun suffrage.

Quand le nombre des électeurs est pair ou un multiple de trois, le calcul de la moitié plus un ou du tiers plus un ne présente pas de difficultés; mais dans le cas contraire, on doit procéder ainsi : le nombre étant de 137, par ex., on prend la moitié plus un de 136, c'est-à-dire 69 et le tiers plus un 46; car 68 est la moitié de 136 et 45 le tiers de 135. (Chambre des députés, 1819-1820-1828.)

55. Après les deux premiers tours de scrutin, si l'élection n'est pas faite, le bureau proclame les noms des deux candidats qui ont obtenu le plus de suffrages, et au troisième tour de scrutin les suffrages ne pourront être valablement donnés qu'à l'un de ces deux candidats.

La nomination a lieu à la pluralité des votes exprimés.

Si l'un des premiers scrutins est annulé, il est considéré comme non avenu, et il y a lieu à deux autres scrutins. — Si le collége est partagé en plusieurs sections, le scrutin annulé d'une ou plusieurs sections n'empêche pas de procéder au dépouillement des autres sections (Ordonn. du 11 oct. 1820, art. 19) : et il est compté comme s'il eût été régulier.

Si le député élu donnait immédiatement sa démission, comme la Chambre est seule compétente pour le recevoir, il n'y aura pas lieu à procéder sur-le-champ à une nouvelle élection. Cette circonstance s'est présentée, en 1818, dans le département de la Sarthe.

56. Dans tous les cas où il y aura concours par égalité de suffrages, le plus âgé obtiendra la préférence.

57. La session de chaque collége est de dix jours au plus. Il ne peut y avoir qu'une séance et un soul scrutin par jour. La séance est levée immédiatement après le dépouillement du scrutin, sauf les décisions à porter par le bureau sur les réclamations qui lui sont présentées au sujet de ce dépouillement, et sur lesquelles il sera statué séance tenante.

58. Nul électeur ne peut se présenter armé dans un collége électoral.

TITRE V.

DES ÉLIGIBLES.

59. Nul ne sera éligible à la Chambre des Députés, si, au jour de son élection, il n'est âgé de 30 ans, et s'il ne paie 500 francs de contributions directes, sauf le cas prévu par l'art. 33 de la Charte. Les dispositions de l'art 7 sont applicables au cens de l'éligibilité.

L'art. 32 de la Charte porte : « aucun député ne peut être admis dans la Chambre, s'il n'est âgé de trente ans, et s'il ne réunit les autres conditions déterminées par la loi. »

Une des dispositions les plus vicieuses de l'ancienne Charte était celle qui fixait à jamais le droit de suffrage et le droit d'éligibilité : et c'est une haute prévoyance de la Charte nouvelle d'avoir fait passer cette disposition dans le domaine de la législation qui doit suivre et les besoins sociaux et les progrès de la civilisation.

Quant à la question politique qui naît du cens imposé à l'éligibilité, nous renverrons à la savante discussion qui a eu lieu à la Chambre des députés en mars dernier.

60. Les délégations et attributions de contributions autorisées pour les droits électoraux par les articles 4, 5, 6, 8 et 9, le sont également pour le droit d'éligibilité.

61. La Chambre des Députés est seule juge des conditions d'éligibilité.

62. Lorsque des arrondissemens électoraux ont élu des députés qui n'ont pas leur domicile politique dans le département, en nombre plus grand que ne l'autorise l'article 36 de la Charte, la Chambre des députés tire au sort, entre ces arrondissemens, celui ou ceux qui doivent procéder à une réélection.

63. Le député élu par plusieurs arrondissemens électoraux sera tenu de déclarer son option à la Chambre dans le mois qui suivra la déclaration de la validité des élections entre lesquelles il doit opter. A défaut d'option dans ce délai, il sera décidé, par la voie du sort, à quel arrondissement ce député appartiendra.

64. Il y a incompatibilité entre les fonctions de député et celles de préfet,

sous-préfet, de receveurs généraux, de receveurs particuliers des finances et de payeurs.

Les fonctionnaires ci-dessus-désignés, les officiers généraux commandant les divisions ou subdivisions militaires, les procureurs généraux près les Cours royales, les procureurs du roi, les directeurs des contributions directes et indirectes, des domaines et enregistrement et des douanes dans les départemens, ne pourront être élus députés par le collége électoral d'un arrondissement compris en tout ou en partie dans le ressort de leurs fonctions.

Si, par démission ou autrement, les fonctionnaires ci-dessus quittaient leur emploi, ils ne seraient éligibles dans les départemens, arrondissemens ou ressorts dans lesquels ils ont exercé leurs fonctions, qu'après un délai de six mois à dater du jour de la cessation des fonctions.

Le premier § de l'article établit l'incompatibilité absolue entre certaines fonctions et celles de député : le deuxième a seulement pour objet d'interdire l'élection à tout fonctionnaire dans le lieu où il administre. Par exemple un préfet ne peut être élu dans le département qu'il administre, voilà l'interdiction; s'il est élu ailleurs, il est forcé d'abandonner l'une des deux fonctions, voilà l'incompatibilité.

TITRE VI.

DISPOSITIONS GÉNÉRALES.

65. En cas de vacance par option, décès, démission ou autrement, le collége électoral qui doit pourvoir à la vacance sera réuni dans le délai de quarante jours. Ce délai sera de deux mois pour le département de la Corse.

En cas d'élection, soit générale, soit partielle, l'intervalle entre la réception de l'ordonnance de convocation du collége au chef-lieu du département et l'ouverture du collége, sera de vingt jours au moins.

66. La Chambre des députés a seule le droit de recevoir la démission d'un de ses membres.

67. Les députés ne reçoivent ni traitement ni indemnité.

68. Les dispositions de la présente loi sont applicables à la révision de la liste des jurés non électeurs établie par les articles 1er et 2 de la loi du 2 mai 1827.

69. Il sera formé, pour chaque arrondissement électoral, une liste des jurés non électeurs qui ont leur domicile réel dans cet arrondissement.

Le droit d'intervention des tiers relativement à cette liste appartient à tous les électeurs et à tous les jurés de l'arrondissement.

TITRE VII.

ARTICLES TRANSITOIRES.

70. Dans le cas où les élections, soit générales, soit partielles, auraient lieu avant le 21 octobre 1831, l'ordonnance de convocation des colléges sera publiée dans chaque arrondissement électoral au moins quinze jours avant celui qui sera fixé pour l'élection.

Dans le délai de quinze jours à compter de la promulgation de la présente loi, l'inscription des citoyens qui auront acquis le droit électoral, soit en vertu de la législation antérieure, soit en vertu des dispositions de la présente loi, pourra être requise, soit par eux, soit par des tiers, conformément aux art. 24, 25 et 26.

Pendant cet espace de temps, le registre prescrit par l'art. 23 sera ouvert, et les réquisitions prévues par le précédent paragraphe y seront inscrites.

Après l'expiration dudit délai de quinze jours, ces réquisitions ne seront plus admises.

En cas d'élections, soit générales, soit partielles, avant le 21 octobre 1831, les contributions foncière, personnelle, mobilière et des portes et fenêtres, ne seront comptées, soit pour être électeur, soit pour être éligible, que lorsque la propriété foncière aura été possédée, ou la location faite antérieurement à la promulgation de la présente loi.

Cette disposition n'est pas applicable aux possesseurs à titre successif.

La patente ou le diplôme universitaire ne seront comptés que lorsqu'ils auront été pris un an avant la promulgation de la présente loi. Cette disposition n'est pas applicable aux citoyens qui, ayant pris une patente avant le 1er août 1830, ont été inscrits en vertu de la loi du 12 septembre dernier, sur les listes supplémentaires formées depuis cette époque.

Aux termes de cet article, le préfet a dû, immédiatement après la promulgation, c'est-à-dire, le 26 avril dernier, ouvrir le registre mentionné à l'art. 23, et qui est destiné à recevoir les réclamations des intéressés et des tiers.

Cet article a réglé, du moins en partie, les conditions de temps desquelles dépend la capacité électorale. Il exige que, sauf le cas de succession ou d'avancement d'hoirie, la propriété soit possédée et que la location soit faite antérieurement à la promulgation de la présente loi (ce qui doit s'entendre, pour chaque département du jour où la loi devient exécutoire). Il a été reconnu dans la discussion (*Moniteur* du 16 avril), que la concession des mines doit, comme la possession ou location, être antérieure à la promulgation de la loi. Quant à la patente ainsi qu'au diplôme universitaire, ils doivent avoir un an de date à la même époque, et l'industrie doit avoir été réellement exercée pendant ce temps.

La loi du 12 septembre 1830 autorisait à comprendre dans le cens électoral des citoyens de 25 à 3o ans, la patente qu'ils auraient prise avant le Ier. août dernier. Cette disposition était motivée sur ce que, la Charte ouvrant à ces citoyens un droit nouveau, ils n'avaient pu se mettre en mesure un an d'avance. Parmi les patentés dont il s'agit, les uns ont été portés sur les listes arrêtées le 16 novembre 1830, et leur inscription est devenue définitive, d'autres ont été compris sur les tableaux de rectification ou *listes supplémentaires* formés depuis le 20 décembre 183o, dans les départemens où il y a eu des élections et ils doivent être portés sur la liste additionnelle en vertu d'un droit acquis. Mais comme la condition en vertu de laquelle ils sont électeurs n'est plus la même que celle établie par la loi nouvelle. (Art. 7 et 70.) Il a paru nécessaire de conserver à leur égard cette exception. (§ 7.) Il résulte de cette mention expresse en leur faveur, que l'exception établie par la loi du 12 septembre 183o, ne peut être invoquée par d'autres patentés, même lorsque, réunissant les conditions exigées, ils auraient été omis sur les listes de 1820. Il n'y a pas en effet de raison pour leur accorder une faveur dont ne jouissent pas les électeurs de plus de 30 ans, à qui, par l'abaissement du cens, ou par d'autres circonstances, la loi du 19 avril accorde un droit nouveau, dont il y a un an ils ne pouvaient prévoir qu'ils auraient l'exercice.

L'article se tait sur l'époque à laquelle doivent être accomplies les conditions de temps, desquelles dépend la capacité électorale, savoir : l'âge de 25 ans, les trois ans de domicile réel exigés des officiers (art. 3), les six mois exigés pour compléter la translation du domicile politique (art. 10 et 11).

On peut, par des raisons diverses, prétendre que ces conditions doivent être accomplies *soit avant la promulgation de la loi, soit avant la publication de la liste additionelle,* c'est-à-dire, au 25ᵉ jour après la promulgation.

L'adoption de la première époque pourrait avoir lieu par analogie avec les autres dispositions de l'article 70, qui exige que la possession, la location et l'annalité de la

patente soient antérieures à la promulgation
de la loi.

Mais la seconde époque paraît devoir être
adoptée de préférence. Elle correspond à
celle qui est fixée par l'article 19, pour les
conditions de même nature, relativement à
la révision annuelle. En appliquant la règle
tracée par cet article à la formation de la liste
additionnelle, on reconnaît que la publication de cette liste répond à la clôture des
opérations annuelles. De plus cette interprétation est plus large, plus favorable à l'exercice du droit électoral.

Les réclamations autorisées par l'art. 70
ne peuvent avoir pour objet que des *inscriptions nouvelles*, puisqu'il n'y a pas lieu à re-
viser la liste arrêtée le 16 novembre, mais
seulement à y ajouter de nouveaux électeurs.
Il est à remarquer que l'article 23 substitue
le préfet au secrétaire-général pour délivrer
les récépissés.

L'instruction du 25 août 1828 faisait observer que toutes les réclamations ne sont
pas de nature à être portées en conseil de
préfecture, et qu'ainsi il y a lieu de refuser

d'admettre et de porter sur le registre des réclamations, les demandes formées par les individus sans qualité, ou non appuyées de pièces. Toutefois, l'usage a établi qu'il convient de statuer sur ces demandes et de les déclarer non-recevables, afin que les réclamans ne puissent pas se plaindre d'un déni de justice, et aient la faculté de former un recours devant la Cour royale.

Le délai de quinze jours fixé par la loi est de rigueur, Ainsi à Paris le 10 mai est le jour fatal. (Instruct. ministér. du 20 avril 1831.)

71. Le préfet, en conseil de préfecture, dressera d'office ou d'après les réclamations des intéressés ou des tiers, une liste additionnelle contenant les noms des citoyens qui auront acquis le droit électoral.

Cette liste sera affichée vingt-cinq jours au plus tard après la promulgation de la présente loi.

Le travail dont le préfet, en conseil de préfecture, doit s'occuper en vertu des articles 70 et 71, n'est pas précisément de même nature que celui dont il est chargé annuellement, du 15 août au 16 octobre. (Art. 23 à 29.) Il ne s'agit pas, en effet, comme lors de la révision annuelle, de statuer sur des réclamations contre des décisions déjà prises par le préfet ayant agi administrativement; il s'agit de statuer en première instance sur des demandes d'inscription. Seulement le préfet, au lieu de décider *seul*, comme il le fait avant le 15 août, doit s'éclairer de l'avis du conseil de préfecture, dont l'assistance est une garantie qui équivaut à la suppression d'un des deux degrés de l'instruction, puisqu'on ne peut plus recourir qu'à la Cour royale.

Du reste, si l'instruction est plus simple en ce qu'il s'agit du premier et non du second degré d'instance, les formes de procéder sont les mêmes, du moins en ce qui ne touche pas à un *appel*, sur des décisions qui n'existent point. Ces formes sont tracées dans les art. 23, 24, 25, 26 et 27 de la loi nouvelle, et qui sont, sauf quelques changemens de rédaction, les mêmes que les articles 10, 11, 12, 13 et 14 de la loi du 2 juillet 1828.

L'article prescrit de former, pour chaque arrondissement électoral, une liste additionnelle contenant les noms de tous les citoyens qui ne sont pas compris sur les listes de 1830, et qui ont acquis le droit électoral *en vertu de la nouvelle loi.* (Art. 70.) Cette expression générale s'applique, 1° aux citoyens à qui les art. 1, 2, 3, 4, 5, 6, 8 et 9 ouvrent un droit nouveau; 2° à ceux qui, depuis le 16 novembre 1830, ont acquis le droit électoral en vertu de la législation antérieure; 3° à ceux enfin qui, possédant le droit électoral avant le 16 novembre 1830, auraient été omis sur les listes formées à cette époque. Ces derniers sont relevés de la déchéance qui résulterait des art. 32 et 75 de la nouvelle loi. (Chambre des députés, 11 avril.)

Dans la seconde de ces trois classes d'électeurs, se trouvent ceux qui, dans les départemens où il y a eu des élections depuis le 20 décembre 1830, ont été portés sur les tableaux de rectification dressés conformément à l'art. 22 de la loi du 2 juillet 1828. Ces électeurs ont de plus que les autres *un droit acquis :* ils doivent être portés sur la liste additionnelle, puisqu'ils ne faisaient point partie de la liste annuelle arrêtée le 16 novembre dernier, et qui, aux termes de l'art. 75, ne doit éprouver que les changemens prévus par l'art. 32. A leur égard, il n'y a d'autre travail à faire que de porter leur nom sur la liste additionnelle, avec les autres détails prescrits par l'art. 19.

Mais pour les autres électeurs susceptibles d'être portés sur la liste additionnelle, il y a lieu d'examiner les diverses conditions desquelles dépend la capacité électorale. (*Voyez* art. 1ᵉʳ et suivans.)

En tête de la liste additionnelle, doit être indiqué le nombre de membres du collége qui étaient déjà inscrits sur les listes arrêtées le 16 novembre 1830. Ce nombre, réuni à celui des censitaires de 200 francs portés dans la liste additionnelle, donnera la force numérique du collége d'après laquelle il y aurait lieu de le compléter dans le cas prévu par l'art. 2.

Indépendamment des plus imposés au-dessous de 200 francs en nombre nécessaire pour compléter le minimum de cent cinquante censitaires, le préfet doit publier à la suite de la liste additionnelle, une liste supplémentaire des dix citoyens, (art. 20, 30 et 35) qui les suivent dans l'ordre décroissant des contributions directes afin de combler les vides que laisseraient dans le nombre de cent cinquante censitaires, les radiations ordonnées par la Cour royale. La liste additionnelle devra être disposée par canton : les cantons selon l'ordre alphabétique, et les électeurs classés dans chaque canton selon l'ordre alphabétique de leur nom.

La liste des dix électeurs suppléans, s'il y a lieu, sera imprimée à la suite de la liste des censitaires avec les mêmes indications. Ensuite viendra la liste des électeurs adjoints.

Il se présente, relativement à la formation de la liste additionnelle la même difficulté, quant aux délais relatifs à l'intervention des tiers, que celle qui existait précédemment pour les tableaux de rectifications. L'art. 26 porte que le tiers réclamant doit justifier que sa réclamation a été notifiée à la partie intéressée ; que celle-ci a dix jours pour y répondre ; et, suivant l'art. 27, la décision doit être prise dans les cinq jours après l'expiration de ce délai, si l'intéressé a négligé de produire sa réponse dans les dix jours.

D'autre part, l'art. 71 prescrit de publier

la liste additionnelle vingt-cinq jours après l'ouverture du registre; mais elle doit être arrêtée plusieurs jours avant cette époque; et le délai de quinze jours prescrit par les art. 26 et 27, dépasserait quelquefois la période assignée par l'art. 71. On peut observer que les réclamations relatives à la liste additionnelle n'ayant pour objet que des inscriptions nouvelles, il y a motifs d'attendre les réponses de l'intéressé, qui, en général ne contestera pas la demande de son inscription formée par un tiers. Cependant la loi n'établit aucune distinction. Mais le préfet peut éviter ces difficultés en se servant des renseignemens donnés par les demandes des tiers, comme s'ils étaient parvenus par voies administratives, et ordonné d'office l'inscription de l'électeur dont ils auraient fait reconnaître les droits.

Les arrêtés pris par les préfets sur la réclamation des intéressés et des tiers, et qui prononceraient des refus d'inscription devront être motivés. (Instruct. ministér. du 20 avril 1831.)

72. Les décisions portant refus d'in-

scription seront signifiées aux parties par le préfet dans les cinq jours, pour tout délai, après le jour où elles auront été rendues.

73. Les réclamations qui pourront être dirigées, soit par des tiers contre les inscriptions, soit par les parties contre les refus d'inscriptions, seront formées, à peine de déchéance, le trente-cinquième jour au plus tard après la promulgation de la présente loi.

L'assignation sera donnée devant la cour à huitaine pour tout délai, quelle que soit la distance des lieux.

Ce délai expiré, la cour prononcera, toutes affaires cessantes. Son arrêt, s'il est par défaut, ne sera pas susceptible d'opposition.

74. Il ne sera fait de changemens à la liste additionnelle mentionnée dans l'art. 71 qu'en exécution d'arrêts rendus par les Cours royales.

75. Il ne sera fait de changemens à la liste arrêtée le 16 novembre dernier, et affichée le 20 du même mois, que dans les cas prévus par l'art. 32 de la présente loi.

Il sera procédé à l'élection sur cette

liste et sur la liste additionnelle prescrite
par les articles précédens.

Suivant l'art. 75, les listes qui ont été
dressées en novembre 1830 ne doivent
éprouver d'autres changemens que ceux qui
sont indiqués par l'art. 32. On ne doit donc
y ajouter que les électeurs qui auraient obtenu leur inscription en vertu d'un arrêt de
Cour royale, et n'en retrancher que ceux qui
auraient été rayés par un semblable arrêt, ou
qui seraient décédés, ou qui seraient privés
des droits civils ou des droits politiques par
un jugement ayant acquis force de chose
jugée. Il n'y a donc pas lieu d'examiner si
les citoyens qui, à l'époque des 16 novembre 1830, jouissaient du droit électoral, sont
encore aujourd'hui dans la même position :
la loi nouvelle interdisant à l'avenir la formation de tout tableau de rectification dans
le cours de l'année qui suit la clôture de la
révision annuelle.

Cependant l'art. 71 autorise à inscrire sur
la liste additionnelle ceux qui auraient été
omis sur les listes arrêtées le 16 nov. 1830,
ou qui, depuis cette époque, auraient acquis

le droit électoral. (Instructions ministér. du 20 avril 1830).

76. Tout électeur ayant son domicile dans un arrondissement qui, d'après la présente loi, se trouverait divisé en plusieurs arrondissemens électoraux, pourra opter entre ses arrondissemens, s'il paie des contributions dans l'un et dans l'autre. L'option devra être faite dans le délai de quinze jours à dater de la promulgation de la présente loi, et dans la forme déterminée par l'art. 10. A défaut d'option dans le délai ci-dessus fixé, l'électeur appartiendra à l'arrondissement électoral dans lequel sera compris le canton où il a maintenant son domicile politique. Si l'électeur ne paie de contributions que dans un des deux arrondissemens électoraux, il appartiendra à cet arrondissement, et ne pourra faire d'option.

L'électeur dont le domicile politique, au moment de la promulgation de la présente loi, serait différent de son domicile réel, aura le même délai de quinze jours pour faire son option. A défaut par lui de la faire dans ledit délai, il continuera d'appartenir à l'arrondissement électoral dans lequel il exerçait ses droits.

L'art. 76 ayant égard aux changemens que subit la circonscription électorale actuelle facilite certains changemens de domicile politique et abrége, à leur égard, les délais prescrits par l'art. 10 (voy. p. 124). Ainsi tout électeur dont le domicile politique est séparé de son domicile réel, soit que ces deux domiciles soient situés dans le même département ou dans deux départemens différens, pourra, dans la quinzaine après la promulgation, opter entre ces deux domiciles, c'est-à-dire, pourra réunir son domicile politique à son domicile réel. A défaut d'option, il devra voter au domicile politique qu'il avait acquis, puisque c'est là qu'il exerçait ou qu'il devait exercer légalement ses droits.

Dans le même délai de quinze jours, tout électeur ayant son domicile politique dans un arrondissement électoral, que la loi nouvelle divise en plusieurs arrondissemens, et qui paie des contributions dans deux ou plusieurs de ces arrondissemens, pourra opter entre eux et choisir celui où il désire exercer le droit électoral. Ces déclarations doivent être faites selon la forme déterminée par l'art. 10.

Quinze jours après la promulgation de la loi, aucune translation de domicile politique ne pourra avoir lieu qu'avec les délais prescrits par les art. 10 et 11.

Comme l'époque de la promulgation varie suivant les distances, une difficulté peut s'élever sur le terme où l'option cesse d'être autorisée à l'égard d'un électeur qui, par exemple, aurait son domicile réel à Paris et son domicile politique à Perpignan. Mais cette difficulté cesse si l'on considère qu'il y a deux déclarations à faire ; qu'ainsi, chacune doit être faite avant l'expiration des quinze jours qui suivent respectivement la promulgation dans chaque localité.

Comme les arrondissemens électoraux n'ont pas de chef-lieu déterminé, le greffier d'un tribunal ne peut recevoir que les déclarations concernant des communes situées dans le ressort judiciaire ; si donc un arrondissement électoral s'étendait sur le territoire de deux arrondissemens judiciaires, l'électeur qui voudra acquérir le domicile politique, où changer celui qu'il possède dans une commune de l'arrondissement électoral, devra faire sa déclaration au greffe du tribunal dont dépend cette commune.

Il est des électeurs dont la translation de domicile politique est *commencée* et non *accomplie*, c'est-à-dire, qui ont fait, *depuis moins de six mois* la double déclaration prescrite pour séparer le domicile politique du domicile réel, suivant la rigueur du principe; ces électeurs n'ont pas, *au moment de la promulgation de la loi, un domicile politique différent de leur domicile réel.* On peut dire qu'ils ne sont pas compris dans les dispositions de l'art. 76; qu'ils restent par conséquent dans le droit commun, qu'ils sont assujétis au délai de six mois pour acquérir leur nouveau domicile politique, et que nul électeur ne pouvant rester sans en avoir un, ils doivent voter là où ils exerçaient précédemment leurs droits. — Mais cette interprétation paraît trop étroite. La déclaration faite depuis moins de six mois ayant manifesté suffisamment l'intention de l'électeur, on peut le considérer comme ayant déjà deux domiciles, et comme pou-

vant user de l'option. S'il ne l'a pas faite
dans la quinzaine il devra voter dans l'arrondissement de son domicile réel, puisque
c'est là qu'il exerçait ses droits. C'est dans ce
sens plus large que la Chambre des Pairs
paraît avoir entendu l'art. 76.

Si un électeur avait, depuis moins de six
mois, fait une déclaration de translation de
domicile politique, non pour *séparer* ce
domicile de son domicile réel, mais pour y
réunir au contraire le domicile politique qu'il
avait précédemment séparé, sa position
serait sans aucun doute celle qu'a prévue le
2ᵉ § de l'art. 76. Ces deux domiciles seraient encore séparés *au moment de la promulgation de la loi*, et il pourrait profiter de
l'option, pour voter au lieu de son domicile
réel.

En thèse générale, le fonctionnaire révocable est dans une circonstance exception-
nelle, quand il transfère son domicile réel
dans le lieu où il exerce ses fonctions. Son
domicile politique ne l'y suit pas de plein
droit, et il est assujéti à la double déclaration faite six mois d'avance (art. 11). Mais
l'art. 76 s'exprimant en termes généraux,

et permettant à tout électeur dont le domicile politique est séparé de son domicile réel, d'opter entre eux dans le délai de quinze jours, il pourrait en résulter que le fonctionnaire révocable, qui a régulièrement acquis, *avant la promulgation de la loi,* un domicile réel dans le lieu où il exerce ses fonctions, peut y établir, dans la quinzaine, son domicile politique. Cette explication a été donnée dans la discussion de la loi à la Chambre des Pairs. (Instr. minist. du 20 avril 1831.)

Quant au domicile spécial pour les notifications, voyez art. 21, p. 166.

77. Les fonctionnaires désignés dans l'article 64, qui cesseront leurs fonctions par démission ou autrement dans le délai de quinze jours à dater de la promulgation de la présente loi, seront éligibles dans les départemens, arrondissemens ou ressorts dans lesquels ils exercent leurs fonctions, pour les élections qui pourraient avoir lieu avant le 21 octobre 1831.

78. Si, avant qu'il n'ait été procédé à des élections générales, il y a lieu de remplacer un député élu par un collége

départemental, la Chambre des députés déterminera, par la voix du sort, le collége d'arrondissement qui devra procéder à l'élection.

S'il y a lieu de remplacer un député élu par le collége d'un arrondissement électoral dont la circonscription aurait été modifiée par la présente loi, la Chambre des députés déterminera de la même manière celui des arrondissemens compris dans l'ancien ressort qui devra procéder au remplacement.

79. Dans le cas où les élections, soit générales, soit partielles, anraient lieu avant le 21 octobre de la présente année, les listes électorales seront dressées d'après les rôles des contributions directes pour l'année 1830, et nulles contributions autres que celles de ladite année ne seront comptées pour le cens électoral.

Ainsi l'augmentation de contributions qui résulte des 3o centimes extraordinaires accordées par les Chambres n'entrera point dans le cens électoral. (Voir le *Moniteur* du 11 et 12 avril dernier.)

Nous ajoutons par forme d'appendice les articles de la Charte qui établissent les principes généraux sur lesquels sont fondées et l'organisation de la Chambre des Députés et sa compétence.

ART. 14. La puissance législative s'exerce collectivement par le Roi, la Chambre des Pairs et la Chambre des Députés.

ART. 15. La proposition des lois appartient au Roi, à la Chambre des Pairs et à la Chambre des Députés.

Néanmoins toute loi d'impôt doit être d'abord votée par la Chambre des Députés.

ART. 16. Toute loi peut être discutée et votée librement par la majorité de chacune des deux Chambres.

ART. 17. Si une proposition de loi a été rejetée par l'un des trois pouvoirs, elle ne pourra être reproduite dans la même session.

ART. 18. Le Roi seul sanctionne et promulgue les lois.

ART. 30. La Chambre des Députés sera composée des Députés élus par les colléges électoraux, dont l'organisation sera déterminée par les lois.

Art. 31. Les Députés seront élus pour cinq ans.

Art. 32. Aucun Député ne peut être admis dans la Chambre, s'il n'est âgé de trente ans, et s'il ne réunit les autres conditions déterminées par la loi.

Art. 33. Si néanmoins il ne se trouvait pas dans le département 5o personnes de l'âge indiqué, payant le cens d'éligibilité déterminé par la loi, leur nombre sera complété par les plus imposés au-dessous de ce cens.

Art. 34. Nul n'est électeur s'il a moins de vingt-cinq ans et s'il ne réunit les autres conditions déterminées par la loi.

Art 35. Les présidens des colléges électoraux sont nommés par les électeurs.

Art. 36. La moitié au moins des Députés sera choisie parmi les éligibles qui ont leur domicile politique dans le département.

Art. 37. Le président de la Chambre des Députés est élu par elle à l'ouverture de chaque session.

Art. 38. Les séances de la Chambre sont publiques; mais la demande de cinq membres suffit pour qu'elle se forme en comité secret.

ART. 39. La Chambre se partage en bureaux pour discuter les projets qui lui ont été présentés de la part du Roi.

ART. 40. Aucun impôt ne peut être établi ni perçu, s'il n'a été consenti par les deux Chambres et sanctionné par le Roi.

ART. 41. L'impôt foncier n'est consenti que pour un an. Les impositions indirectes peuvent l'être pour plusieurs années.

ART. 42. Le Roi convoque chaque année les deux Chambres ; il les proroge, et peut dissoudre celle des Députés des départemens ; mais, dans ce cas, il doit en convoquer une nouvelle dans le délai de trois mois.

ART. 43. Aucune contrainte par corps ne peut être exercée contre un membre de la Chambre durant la session, et dans les six semaines qui l'auront précédée ou suivie.

ART. 44. Aucun membre de la Chambre ne peut, pendant la durée de la session, être poursuivi ni arrêté en matière criminelle, sauf le cas de flagrant délit, qu'après que la Chambre a permis sa poursuite.

Art. 45. Toute pétition à l'une ou à l'autre des Chambres, ne peut être faite et présentée que par écrit. La loi interdit d'en apporter en personne à la barre.

Art. 46. Les ministres peuvent être membres de la Chambre des Pairs ou de la Chambre des Députés. Ils ont en outre leur entrée dans l'une ou l'autre Chambre, et doivent être entendus quand ils le demandent.

Art. 47. La Chambre des Députés a le droit d'accuser les ministres, et de les traduire devant la Chambre des Pairs, qui seule a celui de les juger.

Extrait des ordonnances des 4 septembre et 11 octobre 1820, concernant les colléges électoraux.

A la réception de l'ordonnance de convocation, les préfets la font publier dans l'étendue de leur département avec les arrêtés par lesquels ils ont désigné les ...ñices où doivent siéger les colléges ou sections de colléges (octob., art. 2). Ils font immédiatement remettre à chaque président et vice-président, 1° une expédition de l'ordonnance de convocation ; 2° un extrait de l'arrêté désignant l'édifice dans lequel le collége ou la section devra se réunir ; 3° la liste des électeurs définitivement arrêtée. (*Ib.*, art. 3.)

Des cartes individuelles sont, à la diligence des préfets et des maires, adressées avant l'ouverture au domicile de chaque électeur ; elles portent le jour et le lieu de la réunion (4 sept., art. 9.) A Paris , l'autorité avertit les électeurs d'aller retirer leurs cartes à la mairie de leur arrondissement; les cartes non retirées sont envoyées à domicile.

Le jour fixé pour l'ouverture, la séance commencera à huit heures précises du matin ; elle est ouverte par le président ou vice-président. (11 oct., art. 6.) (Voir art. 40 à 43 de la nouvelle loi, p. 200.)

S'il s'élève des discussions dans le sein d'un collége ou d'une section, le président rappellera aux électeurs que toute discussion, toute délibération leur sont interdites; si , malgré cette observation , la discussion continue, et si le président n'a pas d'autre moyen de la faire cesser, il prononcera la levée de la séance , et l'ajournement au lendemain au plus tard. Les électeurs seront obligés de se séparer à l'instant. (*Ibid.*, art. 10.) (Voir art. 40.)

Continueront d'être reçus, jusqu'à l'heure fixée pour la clôture, les bulletins des électeurs qui n'ayant pu répondre à l'appel, se présenteront ensuite pour voter. (*Ib.*, art. 13.)

A trois heures, le président déclarera que le scrutin est clos ; il comptera le nombre des bulletins , et il en ordonnera le dépouillement. Le procès-verbal constatera le nombre des bulletins trouvés dans l'urne, et celui des électeurs qui auront voté. Si le nombre des bulletins est inférieur ou supérieur à celui des votans, le bureau décidera provisoirement, selon le cas et les circonstances, de la validité de l'opération. Il sera fait mention de la décision au procès-verbal. (*Ib.*, art. 14; 50, 52 nouv. loi.)

Le bureau rayera de tout bulletin, 1° les derniers noms inscrits au-delà de ceux qu'il doit contenir; 2° les noms qui ne désigneraient pas clairement l'individu auquel ils s'appliquent; 3° au troisième tour de scrutin, le nom des individus qui ne feraient point partie de la liste double des personnes qui ont obtenu le plus de suffrages au second tour. (*Ib.*, art 17; art. 53 nouv. loi.).

Procès-verbal. — Aussitôt que le président aura proclamé le bureau définitif, le secrétaire ouvrira le procès-verbal, lequel devra contenir les opérations qui auront eu lieu jusqu'à ce moment, être tenu en double minute, rédigé à la fin de chaque séance, et signé, au plus tard à l'ouverture de la séance suivante, par tous les membres du bureau qui y auront assisté. (*Ib.*, art. 7.)

Immédiatement après la clôture, le président adresse au préfet du département les deux minutes du procès-verbal de chaque collége ou section de collége, et le procès-verbal des recensemens généraux pour les colléges qui seront divisés en sections. L'une des deux minutes reste aux archives de la préfecture, et l'autre est envoyée par le préfet au ministre de l'intérieur qui la transmet aux questeurs de la Chambre des députés. (*Ib.*, art. 21.)

TABLEAU

de la circonscription des Arrondissemens électoraux et du nombre de Députés par Département.

AIN, 5 députés.

1. Pont-de-Vaux.
Bagé.
Pont-de-Veyle.
Saint-Trivier.
Montrevel.
2. Bourg.
Ceyzeriat.
Coligny.
Pont-d'Ain.
Treffort.
3. Trévoux.
4. Belley.
5. Nantua.
Gex.

AISNE, 7 députés.

1. Laon.
Neufchâtel.
Craône.
Marle.
Rocroy-sur-Serre.
Sissonne.
2. Laon (arrond.), moins les 6 cantons ci-dessus.
3. St.-Quentin (ville et canton).
4. St.-Quentin (arrond.), moins la ville et le canton.
5. Vervins.
6. Soissons.
7. Château-Thierry.

ALLIER, 4 députés.

1. Moulins.
2. La Palisse.
3. Gannat.
4. Montluçon.

ALPES (Bses.), 2 députés.

1. Barcelonnette.
Digne.
Castellanc.
2. Sisteron.
Forcalquier.

ALPES (Htes.), 2 députés.

1. Briançon.

Embrun.
2. Gap.

ARDÈCHE, 4 députés.

1. Privas.
2. Tournon.
   Le Cheylard.
   Lamastre.
   S.-Martin de Valamas.
   Saint-Peray.
   Vernoux.
3. Annonay.
   Saint-Agrève.
   Saint-Félicien.
   Satillien.
   Serrières.
4. L'Argentière.

ARDENNES, 4 députés.

1. Mézières.
   Rocroy.
2. Rethel.
3. Sedan.
4. Vouziers.

ARIÉGE, 3 députés.

1. Pamiers.
2. Foix.
3. Saint-Girons.

AUBE, 4 députés.

1. Troyes (la ville), 3 cant.
   Piney.
   Lusigny.
2. Bar-sur-Seine, arrond.
   Bouilly.
   Ervy.
3. Nogent-sur-Seine, arr.
   Aix-en-Othe.
   Estissac.
4. Arcis-sur-Aube.
   Bar-sur-Aube.

AUDE, 5 députés.

1. Carcassonne (ville), 2
   cantons.
2. Carcassonne (arrond.),
   moins les 2 cantons
   de la ville.
3. Castelnaudary.
4. Limoux.
5. Narbonne.

AVEYRON, 5 députés.

1. Rhodez.
2. Saint-Affrique.
3. Espalion.
4. Milhau.
5. Villefranche.

B.-DU-RHONE , 6 dép.

1. Marseille, 1er et 4e cant.
Roquevaire (canton).
2. Marseille, 2e et 3e cant.
Aubagne (canton).
3. Marseille, 3e et 5e cant.
La Ciotat (canton).
4. Aix (2 cantons).
Gardanne.
Peyrolles.
Trest.
5. Arles (2 cantons).
Sainte-Marie.
Salon.
Berre.
Istre.
Martigues.
6. Tarascon.
Saint-Remy.
Château-Renard.
Orgon.
Lambesc.
Eyguières.

CALVADOS , 7 députés.

1. Caen (ville), les 2 cant.
2. Caen (arrond.), moins
les 2 cant. de la ville.
3. Bayeux.
4. Falaise.
5. Lisieux.
6. Vire.

7. Pont-l'Evêque.

CANTAL , 4 députés.

1. Saint-Flour.
2. Auriac.
3. Mauriac.
4. Murat.

CHARENTE , 5 députés.

1. Angoulême.
2. Barbezieux.
3. Cognac.
4. Confolens.
5. Ruffec.

CHARENTE-INF. 7 dép.

1. La Rochelle (ville), les
2 cantons.
2. La Rochelle (arrond.),
moins les cantons de
la ville.
3. Saint-Jean-d'Angely.
4. Jonzac.
5. Marennes.
6. Rochefort.
7. Saintes.

CHER , 4 députés.

1. Bourges (la ville et le
canton).

2. Bourges (arrond. moins le canton de Bourges).
3. Saint-Amand.
4. Sancerre.

CORRÈZE, 4 députés.

1. Tulle (nord et sud).
Argentat.
Corrèze.
Lapleau.
La Roche Canillac.
Mercœur.
Servières.
2. Brives.
Ayen.
Beaulieu.)
Beynat.
Donzenac.
Larche.
Meyssac.
3. Uzerches.
Seilhac.
Juillac.
Lubersac.
Vigeois.
4. Ussel (arrond.).
Egletons.
Trignac.

CORSE, 2 députés.

1. Sartène.
Ajaccio.

2. Bastia.
Calvi.
Corte.

COTE-D'OR, 5 députés.

1. Dijon (la ville), 3 cant.
2. Dijon (arr.), moins les 3 cant. de la ville.
3. Beaune.
4. Semur.
5. Châtillon.

C.-DU-NORD, 6 députés.

1. Saint-Brieux (ville), 2 cantons.
Lamballe (canton).
2. Saint-Brieux (arrond.), moins les 3 cantons ci-dessus.
3. Dinan.
4. Guingamp.
5. Lannion.
6. Loudéac.

CREUSE, 4 députés.

1. Guéret.
2. Aubusson.
3. Bourganeuf.
4. Boussac.

DORDOGNE, 7 députés.

1. Périgueux.
Vergt (Saint-Jean de).
Saint-Astier.
Brantôme.
2. Périgueux (arr.), moins
les 4 cant. ci-dessus.
3. Bergerac.
Laforce.
Velines.
Villefranche-de-Longt-
Chapt.
Sigoulès.
Eymet.
Villamblard.
4. Bergerac (arr.), moins
les 7 cant. ci-dessus.
5. Nontron.
6. Riberac.
7. Sarlat.

DOUBS, 8 députés.

1. Besançon(ville), 2 cant.
2. Besançon (arr.), moins
les 2 cant. de la ville.
3. Baume.
4. Montbéliard.
5. Pontarlier.

DROME, 4 députés.

1. Valence.

Chabeuil.
Loriol.
Tain.
Saint-Vallier.
2. Valence (arr.), moins
les 5 cant. ci-dessus.
3. Die.
4. Montélimart.
Nyons.

EURE, 7 députés.

1. Evreux (ville), 2 cant.
Vernon.
Saint-André.
Pacy-sur-Eure.
2. Evreux (arr.), moins
les 5 cant. ci-dessus.
3. Andelys (les).
4. Bernay (arr.), moins
les cantons de Beau-
mont et de Brionne.
5. Louviers.
6. Quillebeuf.
Pont-Audemer.
Cormeille.
Routot.
Beuzeville.
7. Pont-Audemer (arr.),
les 5 cant. ci-dessus.
Beaumont.
Brionne.

EURE-ET-LOIR, 4 dép.

1. Chartres.
2. Châteaudun.
3. Dreux.
4. Nogent-le-Rotrou.

FINISTÈRE, 6 députés.

1. Brest (ville), les 3 cant.
2. Brest (arrond.), moins les 3 cant. de la ville.
3. Châteaulin.
4. Morlaix.
5. Quimper.
6. Quimperlé.

GARD, 5 députés.

1. Nîmes (ville), les 3 cant.
2. Nîmes (arr.), moins les 3 cant. ci-dessus.
3. Alais.
4. Uzès.
5. Vigan (le).

GARONNE (Hte.) 6 dép.

1. Toulouse (1er et 2e cant. centre et nord).
2. Toulouse (3e et 4e, ouest et sud).
3. Toulouse (arr.), moins les cantons de la ville.
4. Muret.
5. Saint-Gaudens.
6. Villefranche.

GERS, 5 députés.

1. Auch.
2. Condom.
3. Lectoure.
4. Lombez.
5. Mirande.

GIRONDE, 9 députés.

1. Bordeaux (ville, 1er et 2e cantons.)
2. Bordeaux (3e et 4e).
3. Bordeaux (5e et 6e).
4. Bordeaux (arr.), moins les 6 cant. de la ville.
5. Bazas.
6. Blaye.
7. Lesparre.
8. Libourne.
9. La Réole.

HÉRAULT, 6 députés.

1. Montpellier (ville), 3 cantons.
2. Montpellier (arrond.), moins les 3 cant. de la ville.
3. Béziers (ville), 2 cant.

Capestang.
Murviel.
Servian.
4. Agde.
Pézenas.
Bédarieux.
Florensac.
Roujan.
Montagnac.
Saint-Gervais.
5. Saint-Pons.
6. Lodève.

ILLE-ET-VIL., 7 dép.

1. Rennes (ville), 4 cant.
2. Rennes (arr.), moins
les 4 cant. de la ville.
3. Saint-Malo.
4. Vitré.
5. Fougères.
6. Rédon.
7. Montfort.

INDRE, 4 députés.

1. Châteauroux.
2. Issoudun.
3. La Châtre.
4. Le Blanc.

INDR.-ET-LOIRE, 4 dép.

1. Tours (ville), 3 cant.

2. Tours (arrond.), moins
les 3 cant. de la ville.
3. Loches.
4. Chinon.

ISÈRE, 7 députés.

1. Grenoble (ville), 3 c.
2. Grenoble (arr.), moins
les 3 cant. de la ville
et les cant. de Voiron
et de Saint-Laurent.
3. Vienne (ville), 2 cant.
Laverpillière.
Saint-Symphorien.
4. Vienne (arr.), moins
les 4 cant. ci-dessus.
5. Saint-Marcellin (arr.),
moins les cant. de Ri-
ves et de St.-Etienne.
6. Latour-Dupin (arr.),
moins les cantons de
Saint-Geoire, Grand-
Lemps et Virieu.
7. Voiron.
Saint-Laurent.
Rives.
Saint-Etienne.
Grand-Lemps.
Saint-Geoire.
Virieu.

JURA, 4 députés.

1. Dôle.
2. Lons-le-Saulnier.
3. Poligny.
4. Saint-Claude.

LANDES, 3 députés.

1. Mont-de-Marsan.
2. Dax.
3. Saint-Sever.

LOIR-ET-CHER, 3 dép.

1. Blois.
2. Romorantin.
3. Vendôme.

LOIRE, 5 députés.

1. Saint-Etienne (ville), 2 cantons.
2. Saint-Etienne (arr.), moins les 2 cant. de la ville.
3. Saint-Galmier.
   Feurs.
   Néronde.
   Saint-Symphorien.
4. Montbrison, moins les cantons de Saint-Galmier et de Feurs.
5. Roanne, moins les can-

tons de Néronde et de Saint-Symphorien.

LOIRE (H.), 3 députés.

1. Le Puy.
2. Brioude.
3. Issengeaux.

LOIRE-INF., 7 députés.

1. Nantes (ville), 3 premiers cantons.
2. Nantes (ville), les 3 autres cantons.
3. Nantes (arr.), moins les 6 cant. de la ville.
4. Ancenis.
5. Châteaubriant.
6. Paimbœuf.
7. Savenay.

LOIRET, 5 députés.

1. Pithiviers.
2. Orléans (ville), 5 cant.
3. Orléans (arr.), moins les 5 cant. de la ville.
4. Gien.
5. Montargis.

LOT, 5 députés.

1. Cahors (2 cantons).

L'Albenque.
Lauzès.
Limogne.
Saint-Gery.
2. Castelnau.
Catus.
Cazals.
Luzech.
Puy-l'Evêque.
Moncuq.
3. Figeac (arr.), moins
les cant. de Bretenoux
et de Saint-Céré.
4. Gourdon (arr.), moins
les cantons de Vay-
rac, Martel, Souillac.
5. Saint-Céré.
Bretenoux.
Vayrac.
Martel.
Souillac.

LOT-ET-GAR., 5 dép.

1. Agen (ville), 2 cant.
2. Agen (arr.), moins les
2 cantons de la ville.
3. Marmande.
4. Nérac.
5. Villeneuve d'Agen.

LOZÈRE, 3 députés.

1. Mende.

2. Florac.
3. Marvejols.

MAINE-ET-L., 7 dép.

1. Angers (ville), 3 cant.
2. Angers (arr.), moins
les 3 cant. de la ville.
3. Baugé.
4. Beaupréau.
5. Saumur (ville), 3 cant.
6. Saumur (arr.), moins
les 3 cant. de la ville.
7. Segré.

MANCHE, 8 députés.

1. Saint-Lô.
Percy.
Tessy.
Turigny.
Canisy.
2. Carentan.
Saint-Clair.
Marigny.
Saint-Jean-de-Daye.
3. Cherbourg.
4. Valognes.
5. Coutances.
Brebal.
Cerisy.
Gavray.
Mont-Martin-sur-Mer.
6. Perriers.

Lahaye-du-Puits.
Lessay.
Saint-Sauveur.
S.-Malo-de-la-Lande.
7. Mortain.
8. Avranches.

MARNE, 6 députés.

1. Reims (ville), 3 cant.
2. Reims (arrond.), moins
les 3 cant. de la ville.
3. Châlons.
4. Epernay.
5. Sainte-Menehould.
6. Vitry-sur-Marne.

MARNE (H.), 4 députés.

1. Langres.
Auberive.
Longeau.
Neuilly.
Prauthoy.
2. Bourbonne.
Varennes.
Montigny.
Laferté-sur-Amance.
Fay-Billot.
3. Chaumont.
4. Vassy.

MAYENNE, 5 députés.

1. Laval (ville), 2 cant.
2. Laval (arrond.), moins
les 2 cant. de la ville.
3. Mayenne (ville), 2 cant.
4. Mayenne (arr.), moins
les 2 cant. de la ville.
5. Château-Gontier.

MEURTHE, 6 députés.

1. Nancy (ville), 3 cant.
2. Nancy (arrond.), moins
3. Lunéville.
4. Château-Salins.
5. Toul.
6. Sarrebourg.

MEUSE, 4 députés.

1. Bar-le-Duc.
2. Commercy.
3. Montmédy.
4. Verdun.

MORBIHAN, 6 députés.

1. Vannes (ville), 2 cant.
2. Vannes (arr.), moins
les 2 cant. de la ville.
3. Lorient (ville), 2 cant.
4. Lorient (arr.), moins
les 2 cant. de la ville.

5. Pontivy.
6. Ploërmel.

MOSELLE, 6 députés.

1. Metz (ville), les 2 premiers cantons.
2. Metz (ville), le 3e cant.
Vigy (canton).
3. Metz (arrond.), moins
les 4 cant. ci-dessus.
4. Thionville.
5. Briey.
6. Sarreguemines.

NIÈVRE, 4 députés.

1. Nevers.
2. Château-Chinon.
3. Clamecy.
4. Cosne.

NORD, 12 députés.

1. Lille (ville), cantons
ouest et centre.
2. Lille (ville), cantons
nord-est, sud-est, sud-
ouest.
3. Lille (arrond.), moins
les cant. de la ville.
4. Douai (ville), 3 cant.
5. Douai (arrond.), moins
les 3 cant. de la ville.

6. Dunkerque (ville), 2
cantons.
7. Dunkerque (arrond.),
moins les 2 cant. de
la ville.
8. Cambrai (ville), 2 cant.
9. Cambrai (arr.), moins
les 2 cant. de la ville.
10. Valenciennes.
11. Avesnes.
12. Hazebrouck.

OISE, 8 députés.

1. Beauvais (ville), 2 cant.
Nivillers (canton).
2. Beauvais (arr.), moins
les 3 cant. ci-dessus.
3. Senlis.
4. Clermont.
5. Compiégne.

ORNE, 7 députés.

1. Alençon (ville), 2 cant.
2. Alençon (arr.), moins
les 2 cant. de la ville.
3. Argentan.
Briouze.
Ecouché.
Mortrée.
Putanges.
4. Le Mellerault.
Exmes.

Gacé.
La Ferté-Fresnel.
Trun.
Vimoutiers.
5. Domfront.
6. L'Aigle.
Moulins-la-Marche.
Tourouvre.
Longny.
Bazoches.
7. Mortagne (arr.), moins
les 5 cant. ci-dessus.

PAS-DE-CALAIS, 8 dép.

1. Arras (ville), 2 cant.
2. Arras (arrond.), moins
les 2 cant. de la ville.
3. Béthune.
4. Boulogne.
5. Montreuil.
6. Saint-Omer (ville), 2
cantons.
7. Saint-Omer (arrond.),
moins les 2 cantons
de la ville.
8. Saint-Pol.

PUY-DE-DOME, 7 dép.

1. Clermont (ville), 4
cantons.
2. Clermont (arr.), moins
les 4 cant. de la ville.

3. Riom (ville), 2 cant.
Aigueperse (canton).
4. Riom (arrond.), moins
les 3 cant. ci-dessus.
5. Issoire.
6. Thiers.
7. Ambert.

PYRÉNÉES (B.), 5 dép.

1. Pau.
2. Bayonne.
3. Mauléon.
4. Oleron.
5. Orthez.

PYRÉNÉES (H.), 3 dép.

1. Tarbes (arr.), moins le
canton sud de Tarbes
et le canton d'Ossun.
2. Tarbes (canton sud).
Ossun (canton).
Argelès (arrond.).
3. Bagnères.

PYRÉNÉES-OR., 3 dép.

1. Perpignan.
2. Céret.
3. Prades.

RHIN (BAS), 6 députés.

1. Strasbourg (ville), cant.
   nord et est.
2. Strasbourg (ville), cant.
   sud et ouest.
3. Strasbourg (arrond.),
   moins les 4 cantons
   de la ville.
4. Saverne.
5. Schelestadt.
6. Wissembourg.

RHIN (HAUT), 5 députés.

1. Colmar.
   Andolsheim.
2. Ensisheim.
   Mulhausen.
   Cernay.
3. Colmar (arr.), moins les
   cant. de Colmar, En-
   sisheim et Adolsheim.
4. Altkirch (arr.), moins le
   canton de Mülhausen.
5. Belfort (arr.), moins le
   canton de Cernay.

RHONE, 5 députés.

1. Lyon (ville), 1er et 2e
   cantons.
   La Guillotière.
2. Lyon (ville), 3e et 4e c.

La Croix-Rousse.
3. Lyon (ville), 5e et 6e
   cantons.
   Vaisse.
4. Lyon (arr.), moins les
   cantons ci-dessus.
5. Villefranche.

SAONE (H.), 4 députés.

1. Vesoul.
   Montbozon.
   Noroy.
   Port-sur-Saône.
   Rioz.
   Scey-sur-Saône.
2. Jussey.
   Amance.
   Combeau-Fontaine.
   Vitrey.
   Saint-Loup.
   Vauvilliers.
3. Lure (arr.), moins les
   cantons de Vauvilliers
   et de Saint-Loup.
4. Gray.

SAONE-ET-L., 7 dép.

1. Mâcon (ville), 2 cant.
   La Chapelle de Guin-
   chay (cant.).
2. Mâcon (arr.), moins les
   3 cantons ci-dessus.

3. Châlons (ville), 2 cant.
4. Châlons (arr.), moins
   les 2 cant. de la ville.
5. Autun.
6. Charolles.
7. Louhans.

SARTHE, 7 députés.

1. Le Mans (ville), 1er cant.
2. Le Mans (ville), 2e et
   3e cant.
   Montfort (canton).
3. Le Mans (arr.), moins
   les 4 cant. ci-dessus.
4. Saint-Calais.
5. La Flèche.
6. Mamers.
   Tuffé.
   La Ferté-Bernard.
   Bonnetable.
7. Mamers (arr.), moins
   les 4 cant. ci-dessus.

SEINE, 14 députés.

1. 1er arrondissement.
2. 2e idem.
3. 3e idem.
4. 4e idem.
5. 5e idem.
6. 6e idem.
7. 7e idem.
8. 8e idem.

9. 9e idem.
10. 10e idem.
11. 11e idem.
12. 12e idem.
13. Sceaux.
14. Saint-Denis.

SEINE-INFÉR., 11 dép.

1. Rouen (ville), 1er et 2e
   cantons.
2. Rouen (ville), 3e et 4e
   cantons.
3. Rouen (ville), 5e et 6e
   cantons.
4. Rouen (arr.), moins les
   6 cantons de la ville.
5. Le Hàvre.
   Montivilliers.
   Ingouville.
6. Le Hàvre (arr.), moins
   les 3 cant. ci-dessus.
7. Dieppe.
   Offrenville.
   Envermeu.
8. Dieppe (arr.), moins les
   3 cantons ci-dessus.
9. Neufchâtel.
10. Yvetot.
    Caudebec.
    Faudeville.
    Yverville.
    Doudeville.
11. Saint-Valery.

Cany.
Fontain-le-Dun.
Valmont.
Ourville.

SEINE-ET-M., 5 déput.

1. Melun.
2. Meaux.
3. Fontainebleau.
4. Provins.
5. Coulommiers.

SEINE-ET-OISE, 7 dép.

1. Versailles(ville),3 cant.
2. Versailles (arr.), moins
   les 3 cant. de la ville.
3. Corbeil.
4. Etampes.
5. Mantes.
6. Rambouillet.
7. Pontoise.

SÈVRES (DEUX), 4 dép:

1. Niort.
2. Melle.
3. Parthenay.
4. Bressuire.

SOMME, 7 députés.

1. Amiens (ville), 4 cant.

2. Amiens (arr.), moins
   les 4 cant. de la ville.
3. Abbeville(ville), 2 cant.
4. Abbeville (arr.), moins
   les 2 cant. de la ville.
5. Doulens.
6. Montdidier.
7. Péronne.

TARN, 5 députés.

1. Alby.
2. Castres.
   Vielmur.
   Lautrec.
   Mazamet.
3. Castres (arr.), moins
   les 4 cant. ci-dessus.
4. Gaillac.
5. Lavaur.

TARN-ET-GAR., 4 dép.

1. Montauban (ville), 2
   cantons.
2. Montauban (arrond.),
   moins les 2 cantons
   de la ville.
3. Castel-Sarrasin.
4. Moissac.

VAR, 5 députés.

1. Toulon (ville), 2 cant.

2. Toulon (arr.), moins les 2 cant. de la ville.
3. Draguignan.
4. Grasse.
5. Brignoles.

VAUCLUSE, 4 députés.

1. Avignon.
2. Orange.
3. Carpentras.
4. Apt.

VENDÉE, 5 députés.

1. Saint-Hermine.
 Luçon.
 Chaillé.
 Mareuil.
 L'Hermenault.
2. Fontenay.
 Lachataigneraye.
 Saint-Hilaire.
 Maillezay.
3. Bourbon-Vendée.
 Le Poiré.
 Les Essarts.
 Chantonnay.
4. Les Herbiers.
 Roche-Servière.
 Ponzanges la ville.
 Saint-Fulgent.
 Montaigu.
 Mortagne.

5. Les Sables.

VIENNE, 5 députés.

1. Poitiers.
2. Châtellerault.
3. Civray.
4. Loudun.
5. Montmorillon.

VIENNE (H.), 5 députés.

1. Limoges (ville), 2 cant.
2. Limoges (arr.), moins les 2 cant. de la ville.
3. Bellac.
4. Saint-Yrieix.
5. Rochechouart.

VOSGES, 5 députés.

1. Epinal.
2. Mirecourt.
3. Neufchâteau.
4. Remiremont.
5. Saint-Dié.

YONNE, 5 députés.

1. Auxerre.
2. Avallon.
3. Joigny.
4. Sens.
5. Tonnerre.

22.

TABLE

DES MATIÈRES.

TITRE III. — *Des listes électorales.*

TITRE IV.— *Des colléges électoraux.*

FIN.